Irmgard Grunwald

Dem Himmel entgegen

Helle Gedanken auf einem dunklen Weg

Ich gehe
Ich laufe
Ich fahre
Ich radle

Ich koche
Ich putze
Ich schwimme
Ich reite

Ich wasche
Ich kaufe ein
Ich lese
Ich schreibe

Ich singe
Ich bete

Die Zeit verfliegt

Ich gehe
Ich fahre
Ich koche

Ich schwimme
Ich wasche
Ich lese

Ich schreibe
Ich bete

Die Zeit vergeht

Ich sitze
Ich lese

Ich schreibe
Ich bete

Die Zeit verrinnt

Ich bete

Meine Zeit vergeht

Irmgard Grunwald

Dem Himmel *entgegen*

Helle Gedanken auf
einem dunklen Weg

Impressum

Bibelzitate nach der Revidierten Elberfelder Übersetzung, R. Brockhaus Verlag, Wuppertal und Zürich und der *NeÜ bibel.heute* (NeÜ), Copyright 2001-2007 Karl-Heinz Vanheiden, Gefell.

Grunwald, Irmgard
Dem Himmel entgegen
Helle Gedanken auf einem dunklen Weg

ISBN 978-3-89436-642-1

www.cv-dillenburg.de
Satz: CV Dillenburg
Umschlaggestaltung: www.provinzglueck.com
Druck: CPI Moravia, Pohorelice

Printed in Czech Republic

Inhalt

Wörter, die im »Kleinen Lexikon der frommen Begriffe« erklärt werden, sind beim ersten Auftreten im Text mit * gekennzeichnet.

Vorher – »Mir geht es so unverdient gut!«

Ungeschickte Finger

Dezember 1999

Liebe Gisela,

ist es bei euch auch so kalt geworden? Ich war letzten Donnerstag mit den Kindern auf dem Weihnachtsmarkt, und wir haben in der feuchten Kälte ganz schön gebibbert! Als es dann langsam dunkel wurde, waren wir so durchgefroren, dass wir uns erst einmal etwas Warmes zu essen gekauft haben: gebratene Champignons! Dabei ist mir etwas Seltsames passiert – obwohl ich dicke Handschuhe anhatte, waren meine Finger so eisig kalt, dass ich die Münzen nicht mehr aus dem Portmonee holen konnte (ohne Handschuhe!); das hat meine Kinder natürlich sehr amüsiert, als sie mir dabei helfen mussten! Auch das Essen mit einem Holzpicker war ganz schön schwierig! Wie ungeschickt man doch sein kann!

Apropos ungeschickt: Vor ein paar Wochen ist mir schon einmal so eine Sache passiert, genaugenommen eigentlich schon zweimal. Beim ersten Mal war ich in der Stadt und wollte die große Freitreppe vom Bahnhof zur Fußgängerzone hinaufgehen. Da muss ich wohl nicht aufgepasst haben; jedenfalls stolperte ich auf den letzten Stufen heftig und landete bäuchlings auf dem Treppenabsatz. Ich weiß auch nicht, warum ich mich mit den Händen nicht abgestützt habe – irgendwie schien das nicht zu gehen. Ich muss jedenfalls ein sehr lustiges Bild abgegeben haben. Ich kam mir vor wie ein Pinguin, der auf dem Bauch übers Eis rutscht ...

Ähnlich ist es mir vor Kurzem schon einmal ergangen, da bin ich auch in einer Schlammpfütze gelandet, ohne dass ich mich abstützen konnte. Das war schon ein ziemlich eigenartiges Erlebnis, aber was soll's?

Ich nehme meine Ungeschicklichkeit mit Humor, denn wenn andere darüber lachen können, dann kann ich es auch!

»Immer auf Gott zu vertrauen ...« Januar 2000

Liebe Gisela,

habe ich dir schon vom Jahreswechsel erzählt? Am letzten Abend des Jahres saß ich in der Gemeinde*. Jemand hatte sich das Lied gewünscht: »Immer auf Gott zu vertrauen«. Wie oft hatte ich das schon gesungen. Doch plötzlich brannte sich seltsamerweise eine Strophe ganz neu in mein Bewusstsein ein: »... mag auch Krankheit bedroh'n dein Leben, mag sich Krieg und Gefahr erheben, mag die Welt auch vor Furcht erbeben, Gott will deine Zuflucht sein: Immer auf Gott zu vertrauen ...« Die Worte klebten sich in mein Gedächtnis, doch sie betrafen mich ja nicht.

Schräg hinter mir hörte ich Annemarie singen: Sie hat Krebs, und ihr Leben ist wirklich durch diese Krankheit bedroht. Auf seinem Stammplatz in der ersten Reihe sitzt Rafi. In seiner Heimat herrschen chaotische Zustände, für ihn als Christ* ist es lebensgefährlich, dorthin zurückzugehen, und dennoch soll er abgeschoben werden. Und angesichts des grausigen Terrors allüberall erbebt die Welt auch tatsächlich vor Furcht.

Und ich? An diesem Silvesterabend dachte ich beruhigt: Eigentlich brauche ich gar keine »Zuflucht«: Ich sitze hier in der sicheren Geborgenheit meiner Familie, im friedlichen Schutz unserer christlichen Gemeinde. Wenn mich jemand fragt: Wie geht es dir?, dann kann ich aus ganzem Herzen antworten: wunderbar!

Ja, natürlich habe ich auch das eine oder andere Problemchen im Alltag. Das ist selbstverständlich und nicht bedrohlich. Doch mir geht es rundum gut – wie Hiob in den ersten Versen des nach ihm benannten biblischen Buches.

Liebe Gisela,

ich hatte dir ja schon geschrieben, wie ungeschickt meine Hände neuerdings bei Kälte sind. Heute habe ich auch massive Probleme beim Briefeschreiben. Meine krakelige Schrift gefällt mir überhaupt nicht, aber ich hoffe, du kannst sie lesen. Das Schreiben dauert zwar etwas länger als sonst, und meine Schreibhand verkrampft sich regelrecht, aber ich möchte dir noch ein paar Wintergedanken schicken. Wenn es erst wieder warm wird, kann ich meine Finger wohl wieder besser gebrauchen!

Gestern war ich bei meinem Pferd auf der Weide – es war so wunderschön. Ein perfekter Wintertag: klirrende Kälte, strahlend blauer Bilderbuch-Himmel. Ich stehe auf der Weide und beobachte, wie die Pferde ruhig und stetig ihr Heu fressen. Was für wunderschöne Geschöpfe – Kraft, Eleganz, Lässigkeit. Ich gehe zu Kitty hin, die gleichmütig weiterfrisst. Sanft lasse ich meine Hand über ihr dichtes Winterfell gleiten, lehne mein Gesicht an den mächtigen warmen Körper.

Warum lässt Gott das eigentlich zu? Warum geht es mir so unverdient gut? Womit habe ich das verdient? Warum lässt Gott mir das alles in den Schoß fallen? Eine glückliche, erfüllte Ehe, ein durchweg harmonisches Familienleben, eine Gemeinde ganz in der Nähe, durch »Zufall« wurde inzwischen sogar mein Kindheitstraum erfüllt: ein eigenes Pferd. Und die Krönung meines Lebens: eine lebendige Beziehung zu meinem Herrn und Heiland Jesus Christus*.

Das alles hat Gott mir einfach geschenkt, ich habe um nichts kämpfen müssen. Mein leichtes Leben scheint mir ungerechtfertigt zu sein angesichts der zahlreichen Probleme, mit denen ich in Gesprächen häufig konfrontiert werde: Eheprobleme, schwere Krankheit, rebellierende Kinder, sexueller Missbrauch, Gewalt, Drogen ... alles das ist mir eigentlich fremd – wie kann ich anderen da weiterhelfen?

Ich kann nur mit überschäumender Dankbarkeit beten: *Mein Herr und mein Gott, ich weiß nicht, warum es mir so gut geht. Verdient habe ich es ganz gewiss nicht, dass alle meine offenen und unausgesprochenen Wünsche so »von selbst« in Erfüllung gegangen sind. Ich bin wirklich wunschlos glücklich. Danke, Herr!*

Könnte ich eigentlich damit fertig werden, wenn meinem geliebten Mann oder einem unserer Kinder etwas zustoßen würde? Wenn ich den Rückhalt der Gemeinde nicht mehr hätte? Die Fragen sind so theoretisch. Wie kann ich wissen, was ich tragen kann? Wie kann ich meine geistliche Kraft erproben?

Natürlich wünsche ich mir keine Katastrophe. *»Der Herr hat gegeben ... der Name des Herrn sei gepriesen«* (Hiob 1,21b). *Genommen* hat Gott mir noch nichts. Nein, ich fordere ihn nicht heraus. Ich habe nur schon lange das unbestimmte Gefühl, dass Gott noch irgendetwas mit mir vorhat.

Hilfe, meine Augen! **März 2000**

Liebe Gisela,

gestern war ich zu einer Routineuntersuchung beim Augenarzt, und dieser Besuch hat mich sehr schockiert, denn man hat bei mir einen Grünen Star diagnostiziert. Ich muss jetzt zweimal täglich Augentropfen in jedes Auge träufeln; das finde ich sehr unangenehm und schwierig.

Ich muss ehrlich sagen, diese Augenkrankheit hat mich ganz schön aus der Bahn geworfen. Ich war doch sonst immer gesund! Ich hoffe nur, dass ich nicht irgendwann erblinde – denn wie sollte mein Leben aussehen, wenn ich nicht mehr sehen könnte? Mein Alltag ist im Moment mit so vielen Dingen angefüllt.

Die Kinder sind jetzt 7, 11, 13, 16 und 21 Jahre alt, und das allein bringt schon viel Trubel mit sich! Den meisten Dreck macht allerdings unser kleiner »Zoo« mit Hund und Katze, Meerschweinchen und Kaninchen, Mäusen und Goldfischen. Neulich habe ich doch tatsächlich beschlossen, nur noch einmal am Tag zu putzen – aber du weißt ja, dass ich es nicht anders gewollt habe: das Leben auf dem Lande, viele Kinder und Tiere. Das war schon immer mein Lebensentwurf!

Auch in der Gemeinde gibt es eine ganze Menge zu tun. Ich arbeite nach wie vor in der Sonntagsschule und im Teenykreis, im Frauenkreis und in der Seelsorge mit – manchmal fürchte ich fast, es gibt zu wenig Zeit für persönliche Beziehungen, die doch das Allerwichtigste sind.

Manch einer meint, meine vielen Aufgaben würden in Stress ausarten, aber das finde ich nicht. Ich fühle mich nicht überlastet, nur angenehm ausgelastet. Es ist schließlich alles eine Frage der Planung und der Prioritäten.

Und wenn ich nun blind würde? Egal was passiert, ich weiß genau: Gott hat es immer gut mit mir gemeint. Ich bin mir absolut sicher, dass sich das nicht geändert hat.

Der Arzt hat nichts gefunden **Mai 2000**

Liebe Gisela,

nachdem ich neulich beim Spazierengehen schon fast schlapp gemacht habe, weil meine Beine auf einmal so müde wurden, hat mich mein Mann doch sehr gedrängt, mal zu einem Arzt zu gehen. Also hatte ich letzten Dienstag einen Termin bei meinem Hausarzt. Der hat aber nur ein bisschen ratlos geschaut und mich an einen Neurologen überwiesen, und da bin ich nun heute Morgen gewesen. Eine riesengroße Gemeinschaftspraxis für Neurologie und Psychiatrie mit drei Ärzten, und die meisten Patienten gehören zur Sparte Psychiatrie.

Der Neurologe wusste meine ungeschickten Finger auch nicht recht einzuordnen. Er hat ein EMG (Messung der elektrischen Muskelaktivität) von meiner rechten Hand und ein EEG (Aufzeichnung der elektrischen Aktivitäten des Gehirns) gemacht, aber zu einer Diagnose ist er nicht gekommen. In dem Arztbrief, den er mir mitgegeben hat, steht einfach nur: Kraftlosigkeit der rechten Hand.

Mit den müden Beinen konnte er gar nichts anfangen. Er meinte, ich solle das beobachten und dann vielleicht noch einmal wiederkommen. Ich habe ja gleich gesagt, dass das alles gar nicht so wild ist! Aber etwas Seltsames habe ich doch noch beobachtet: Der Daumenballen an meiner rechten Hand ist ganz flach und verschrumpelt. Was das wohl sein mag?

Mal wieder »ein paar Gramm« zu viel **Juli 2000**

Liebe Gisela,

heute schicke ich dir ein paar sonnige Urlaubsgrüße aus Dänemark! Wie immer genießen wir es, einfach einmal als Familie zusammen zu sein, ganz ohne Termine. Wir haben so richtig Zeit zum Schwimmen im Meer, Lesen, Federball spielen, Faulenzen, Reiten – ganz in der Nähe gibt es einen kleinen Bauernhof, der Pferde für Strandritte vermietet, und wir haben schon zwei wunderschöne Ausritte gemacht.

Ich hatte allerdings ein bisschen Probleme, auf das Pferd zu kommen. Na ja, es ist auch größer als meine Kitty zu Hause. Ich sollte wohl doch nochmal »ein paar Gramm« abnehmen. Auch bei der hohen Stufe, die von der Wiese zur Terrasse unseres Ferienhauses führt, muss ich richtig Schwung holen. Das ist doch langsam peinlich, nicht wahr?

Stell dir vor, bei dem herrlichen warmen Wetter hat es mir übrigens gestern sogar großen Spaß gemacht, draußen Wäsche aufzuhängen, und das im Urlaub. Aber die Wäscheklammern hier in Dänemark sind merkwürdig. Die Federn sind so stramm, dass ich sie mit Daumen und Zeigefinger nicht zusammendrücken konnte. Meine Kinder meinten allerdings, das bilde ich mir nur ein.

Vielleicht ist es das Alter?! Ich werde immerhin bald 40! Aber Scherz beiseite, uns geht es doch wirklich unverdient unfassbar gut – oder?

Der Anfang – »Eine seltsame Krankheit ...«

Bei mir geht alles ruck-zuck

September 2000

Liebe Gisela,

ich habe mal wieder etwas leicht Verrücktes angefangen. Seit Beginn des neuen Schuljahres lerne ich Hebräisch. Das hat mich doch immer schon interessiert, und nun hat sich die Gelegenheit ergeben, mit meiner Tochter zusammen einen Kurs zu belegen. Ich finde das Ganze sehr spannend; und was das Beste ist: Unser Textbuch ist natürlich das Alte Testament!

Aber eines ist immer noch merkwürdig, manchmal kann ich kaum die Kreide halten, wenn ich im Unterricht hebräische Buchstaben an die Tafel schreiben soll. Meine Hand verkrampft sich immer wieder. Das ist mir übrigens auch schon beim Essen aufgefallen, manchmal kann ich nicht einmal mehr die Gabel halten. Außerdem kommen so seltsame Zuckungen hinzu. Wenn ich irgendwo ruhig sitze oder liege, dann fängt es plötzlich in meinem Körper an zu zucken, hauptsächlich in den Armen und Händen, aber auch ab und zu an der Schulter oder in den Beinen. Bei mir geht eben alles ruck-zuck ...

Eine seltsame Krankheit

Januar 2001

Liebe Gisela,

letzte Woche hatten wir ein Familientreffen der traurigen Art: die Beerdigung einer meiner Tanten. Sie war zwar schon ihr Leben lang herzkrank gewesen, aber dennoch kommt der Tod immer plötzlich.

Trotz dieses traurigen Anlasses war es schön, die Verwandtschaft noch einmal zu treffen. Besonders mit meiner lieben Tante Marie habe ich mich mal wieder länger unterhalten können. Sie hat seit zwei Jahren eine seltsame Krankheit. Die Kraft in ihren Händen und Beinen geht immer mehr zurück, so dass sie kaum noch allein essen kann, und der Fußweg von der Kapelle zum Grab fiel ihr auch sehr schwer. Allerdings ist Tante Marie auch schon fast 70, da ist das vielleicht normal – oder?

Die Ärzte haben gesagt, dass ihre Krankheit *Amyotrophe Lateralsklerose* heißt, kurz ALS genannt. Davon hatte ich noch nie etwas gehört. Ob ich vielleicht auch so etwas habe? Meine Tante meinte, dass diese Krankheit so selten sei, dass es bei mir sehr unwahrscheinlich ist. Aber manches kommt mir dennoch ziemlich bekannt vor: die Kraftlosigkeit in den Händen, die müden Beine, die merkwürdigen Zuckungen.

Vielleicht gehe ich doch noch einmal zum Arzt.

Erschreckende Informationen **Februar 2001**

Liebe Gisela,

du kennst mich ja, ich war immer schon ein Büchermensch. Nach dem Gespräch mit meiner Tante war ich im Uni-Buchladen, Abteilung Medizin. Ich habe ein Buch gefunden über diese Krankheit ALS und mich gleich intensiv damit beschäftigt. Was ich gelesen habe, ist sehr erschreckend. Tatsächlich beginnt diese Krankheit meist mit solch harmlosen Symptomen, wie ich sie auch seit einiger Zeit bei mir beobachtet habe: Kraftlosigkeit, häufiges Stolpern, Muskelzuckungen ...

Bis jetzt weiß keiner, wie und warum diese Krankheit entsteht, der Krankheitsverlauf scheint bei allen Betroffenen ganz unterschiedlich zu sein. Auch die Diagnose ist wohl nicht so einfach. Die Krankheit verläuft unaufhaltsam, d.h. die Muskelkraft geht immer mehr zurück, bis man schließlich vollständig gelähmt ist. Das betrifft auch die Sprech-, Schluck- und Atemmuskulatur, allerdings nicht das Herz oder andere innere Organe.

Zwei Dinge sind anscheinend sicher bei dieser Krankheit: Sie ist nicht heilbar, und sie ist tödlich. Die durchschnittliche statistische Überlebenszeit beträgt drei bis vier Jahre. Ich habe Angst.

Aber wir lassen das jetzt erst einmal ganz locker auf uns zukommen. Vielleicht ist das bei mir ja doch alles ganz harmlos.

Grüße aus dem Krankenhaus **April 2001**

Liebe Gisela,

heute schicke ich dir ein paar liebe Grüße aus dem Krankenhaus. Nein, keine Angst, ich habe nichts Akutes. Ich bin nur zur Diagnostik hier.

Tatsächlich war ich neulich noch einmal beim Neurologen, nachdem ich mich so eingehend über diese Krankheit ALS informiert habe. Ich möchte langsam schon wissen, warum mein Körper in letzter Zeit so eigenartig reagiert. Und der Neurologe hat mich kurzerhand in die Uni-Klinik überwiesen.

Hier werde ich nun schon eine Woche lang intensiv untersucht. Alles, was irgendwie messbar ist, wird gemessen. Die schlimmste Untersuchung ist das so genannte EMG (Elektromyogramm), mit dessen Hilfe die Nervenleitgeschwindigkeit in Armen und Beinen gemessen wird. Dabei werden dünne Nadeln unter die Haut geschoben und kurz unter Strom gesetzt – immer und immer wieder, an beiden Armen und Beinen von oben bis unten ... die ganze Untersuchung dauert fast eine Stunde und ist so unangenehm, wie es sich anhört. Sehr unschön war auch die Liquor-Punktion, bei der Nervenwasser aus dem Rückenmark entnommen wird. Danach fühlte ich mich drei Tage lang so hundeelend wie noch nie zuvor in meinem Leben.

Zu einer wirklichen Diagnose haben sich die Ärzte allerdings noch nicht durchringen können. Bisher bekam ich nur zu hören: Motoneuron-Erkrankung. Was auch immer das sein mag. Ich habe die Ärzte natürlich auf meine Befürchtungen bezüglich ALS angesprochen, aber sie haben sehr zurückhaltend reagiert. Der Chefarzt hielt es für unwahrscheinlich.

Hier im Krankenhaus habe ich viel im Buch der Psalmen gelesen. Einen meine Lieblingspsalmen schreibe ich dir hier einmal ab:

> *»Ich will dich erheben, mein Gott, du König, und deinen Namen preisen immer und ewig.*
> *Täglich will ich dich preisen, deinen Namen will ich loben immer und ewig. Groß ist der HERR und sehr zu loben. Seine Größe ist unerforschlich.*
> *Gnädig und barmherzig ist der HERR, langsam zum Zorn und groß an Gnade.*
> *Der HERR ist gut gegen alle, sein Erbarmen ist über alle seine Werke.*
> *Es werden dich loben, HERR, alle deine Werke und deine Frommen dich preisen.*
> *Der HERR stützt alle Fallenden, er richtet auf alle Niedergebeugten.*
> *Der HERR ist gerecht in allen seinen Wegen und treu in allen seinen Werken.*
> *Nahe ist der HERR allen, die ihn anrufen, allen, die ihn in Wahrheit anrufen.*
> *Er erfüllt das Verlangen derer, die ihn fürchten. Ihr Schreien hört er, und er hilft ihnen.*
> *Mein Mund soll das Lob des HERRN aussprechen, und alles Fleisch preise seinen heiligen Namen immer und ewig!«* (aus Psalm 145).

Ich bin mir ganz sicher: Gott meint es gut mit mir, immer und ewig, und tiefer als in seine Hand kann ich nie fallen – auch wenn ich überhaupt nicht verstehen kann, was jetzt mit mir passiert.

Liebe Gisela,

jetzt hat für die Kinder die Schule wieder begonnen, und für mich ist auch wieder der Alltag eingekehrt. Ein merkwürdiger Sommer war das.

Zuerst war ich noch einmal ein paar Tage im Krankenhaus – es sollte zur besseren Diagnosestellung eine Muskelbiopsie gemacht werden, und die scheußliche Elektro-Untersuchung (EMG) wurde auch noch einmal wiederholt. Eine konkrete Diagnose habe ich allerdings immer noch nicht, nur die Empfehlung, mich in einer ALS-Spezialambulanz vorzustellen.

Eigentlich geht es mir noch ganz prima, im Vergleich zu dem, was vielleicht noch auf mich zukommen könnte. Aber so viele Gedanken geistern jetzt immer durch meinen Kopf. Soll ich tatsächlich schon in drei, vier Jahren sterben? Werde ich wirklich bald völlig gelähmt sein? Und was wird aus meinen Kindern?

Immer wieder habe ich in letzter Zeit gebetet*: Herr, lass mich doch bitte noch so lange leben, bis auch unser Jüngster mich nicht mehr so braucht. Aber wie lange ist das? Er ist doch erst neun. Ich war noch nie besonders nahe am Wasser gebaut, und ich habe sicher in meinem ganzen Leben noch nicht so viel geweint wie in diesen letzten Monaten. Ich bin so traurig. Wir sind so traurig.

In den Ferien waren wir wieder am Meer, und immer begleitete mich der Gedanke, dass es vielleicht das letzte Mal ist. Dabei war es so wunderschön! Nur ab und zu merkte ich, dass in meinem Körper irgendetwas anders ist als sonst. Zum Beispiel fiel es mir schwer, Treppen zu steigen oder auch eine einzelne hohe Stufe zu bewältigen. Aber das war auch schon alles.

Vielleicht ist das ja alles doch ein Irrtum, schließlich hat mir auch kein Arzt eine wirkliche Diagnose gesagt. Aber irgendwo innen drin weiß ich, dass es kein Irrtum ist, ich bin wirklich krank.

Als jetzt ein neues Auto fällig war, haben wir uns für ein

Automatik-Modell entschieden. Denn dann kann ich auch noch damit fahren, wenn es langsam schlimmer wird. Mein geliebter klappriger alter Bus ist für mich langsam beim Einsteigen zu hoch, und auch das Kuppeln und Schalten wird allmählich mühsam.

Was kommt da bloß alles noch auf uns zu? Was es auch sei – ich will an meinem Vertrauen zu Gott fest halten. ER macht keine Fehler!

Gott schickt mir einen Vogel **Oktober 2001**

Liebe Gisela,

gerade bin ich von einer weiteren Untersuchung an einer anderen Uni-Klinik zurückgekommen, an der es auf ALS spezialisierte Ärzte gibt. Die Diagnose scheint nun langsam klarer zu werden, wenn man sie auch nicht eindeutig stellen kann. Wie heißt es so schön: Der Verlauf wird das zeigen. Wenn ich also Probleme beim Schlucken bekomme oder die Atmung nicht mehr so einwandfrei funktioniert, dann ist das nur immer ein weiteres Indiz dafür, dass ich tatsächlich ALS habe.

Ein eigenartiges Gefühl – bin ich wirklich schwerkrank, todkrank? Noch fühle ich mich ziemlich gesund, ein bisschen schlapp und kraftlos, manches geht nicht mehr so von der Hand, wie ich es gewöhnt bin. Viele Dinge, die früher für mich selbstverständlich waren, fallen mir nun immer schwerer, z. B. die Arbeit im Haushalt. Eine junge Frau aus unserer Gemeinde kommt nun zweimal in der Woche, um mir beim Putzen zu helfen. Ich bin sehr froh und dankbar, dass ich diese Hilfe habe. Aber noch lieber würde ich die ganze Arbeit allein erledigen.

In meiner ganzen Unruhe und Unsicherheit habe ich letzte Woche ein beeindruckendes Erlebnis gehabt: Gott schickte mir einen Vogel. Als der Prophet Elia völlig verzweifelt und am Ende war, schickte Gott ihm einen Raben. Mir hat Gott eine Amsel geschickt.

Ich sitze in der Küche, und auf einmal schreckt mich ein Knall an der Terrassentür auf. Ich sehe nach. Eine Amsel liegt draußen vor der Scheibe, sie hatte wohl das Glas nicht bemerkt. Völlig regungslos liegt sie auf der Seite, die Augen geschlossen. Doch beim näheren Hinsehen stelle ich fest, dass sie noch atmet. Was soll ich tun? Ihre Qual schnell beenden? Nein, das widerstrebt mir. Aber was dann? Ratlos wende ich mich ab und beschließe, erst einmal abzuwarten.

Es gibt noch dies und das zu tun, ich wende mich hierhin und dorthin, und immer mal wieder sehe ich nach der Amsel. Längere Zeit liegt sie da, regungslos. Armes Tier, denke ich. Wenn ich dir doch nur helfen könnte!

Seit dem Vogelunfall sind nun schon fast zwei Stunden vergangen, und wieder sehe ich nach dem Tierchen. Ich staune nicht schlecht. Die Amsel scheint wieder zu sich zu kommen! Sie liegt nun nicht mehr auf der Seite, sie hat sich tatsächlich wieder aufgerichtet und steht auf zwei wackligen Beinchen, die Augen sind geöffnet. Eine ganze Weile bleibt sie so stehen, als müsse sie sich erst einmal orientieren. Voller Freude und Staunen beobachte ich sie noch eine Weile, doch dann lenken mich andere Aufgaben wieder ab und ich denke nicht weiter an die Amsel.

Wieder eine halbe Stunde später frage ich mich, wie es dem kleinen Patienten wohl geht. Ich sehe aus dem Fenster – doch halt, wo ist die Amsel denn geblieben? Erst nach einer Weile entdecke ich sie. Sie hat sich in die äußerste Ecke der Terrassentür gedrückt, schaut aber wieder mit wachen Augen ihre Umgebung an. Instinktiv weiß sie wohl, dass sie noch etwas Ruhe benötigt. Und tatsächlich, eine weitere halbe Stunde später ist die Amsel verschwunden, weggeflogen.

Ob Gott mir etwas damit sagen will? Auch mich hat diese Diagnose in gewisser Weise zuerst umgehauen, aber auch ich sollte lernen, damit umzugehen und erst einmal weiterzuleben ... Gott hält mich in seiner Hand, das weiß ich, und daran halte ich fest.

»Seht hin auf die Vögel des Himmels, dass sie weder säen noch ernten, noch in Scheunen sammeln, und euer himmlischer Vater

ernährt sie doch. Seid ihr nicht viel wertvoller als sie? Wer aber unter euch kann mit Sorgen seiner Lebenslänge eine Elle zusetzen?« (Matthäus 6,26-27).

Computerfehler **November 2001**

Liebe Gisela,

neulich ist mein Computer abgestürzt – nichts funktionierte mehr. Was nun? Glücklicherweise hat der Computer ein Programm, das sich in solchen Fällen automatisch einschaltet und fragt, ob man den Computer »wiederherstellen« möchte. Man kann sich dann einen Stichtag aussuchen, der einige Zeit in der Vergangenheit liegt, und der Computer »repariert« sich selbst, indem er exakt den Programmzustand wiederherstellt, der ganz am Anfang war, weit vor dem aufgetretenen Fehler.

Manchmal wünsche ich mir, ein Computer zu sein. Ich würde als Stichtag beispielsweise einfach den 01.01.2000 eingeben – oder vorsichtshalber noch zwei, drei Jahre früher. Dann ein Mausklick, und schon wäre der ganze Spuk vorbei.

Wirklich? Vielleicht hätte ich dann eine Chance verpasst. Vielleicht hätte ich dann den Unterricht geschwänzt, den Gott mir geben wollte. Vielleicht hätte ich meine Gesundheit wiedergewonnen, aber geistliches Wachstum für mich, meine Familie, meine Umgebung dafür aufs Spiel gesetzt.

Zum Glück gibt es »im richtigen Leben« keinen einfachen Mausklick. Ich kann nicht einfach fliehen. *Mein Gott, was hast du mit mir vor?*

Liebe Gisela,

es ist eine altbekannte Binsenweisheit: Als Christ bin ich nach meiner Bekehrung* zwar nicht besser als andere Menschen, aber ich bin besser dran – ich habe den Geist Gottes, ich habe das ewige Leben*.

Und auch in meiner Krankheit schenkt Gott mir als seinem Kind drei Optionen; drei Möglichkeiten in einer Situation, in der es sonst nur eine einzige gibt, nämlich langsames Siechtum und Tod. Diese erste Möglichkeit steht mir natürlich auch vor Augen. Doch für mich gibt es noch zwei göttliche Alternativen!

Gott kann zweitens ein Wunder tun und mich heilen! Wenn man an den Gott der Bibel* glaubt, ist das eigentlich selbstverständlich. Ich bin davon überzeugt, dass Gott Wunder tun kann – immer und jederzeit, selbstverständlich auch heute noch. Ich selbst kenne einen gläubigen Mann, der vor wenigen Jahren auf medizinisch völlig unerklärliche Weise geheilt wurde, obwohl es nach menschlichem Ermessen keine Chance mehr für ihn gab (Don und Jill Vanderhoof: »Aber Gott kann!«, Brockhaus 2005).

Und ich weiß, dass Gott auch mich heilen kann, wenn es sein Wille ist. Ich habe zwar keinen »Rechtsanspruch« darauf, gesund zu werden, aber ich darf meinen Herrn um Heilung bitten, und das tue ich und viele andere mit mir. Allerdings kenne ich natürlich Gottes Plan nicht. Deshalb lege ich auch eine Heilung vertrauensvoll in seine Hände. Vielleicht will er gerade meine Krankheit gebrauchen, um mir oder meiner Familie oder meiner Gemeinde etwas klar zu machen? Vielleicht ist gerade meine Krankheit der entscheidende Anstoß für meine Freundin oder meine Nachbarin, sich auch für ein Leben mit meinem wunderbaren Herrn Jesus Christus zu entscheiden? *Dein Wille geschehe.*

Und dann gibt es noch die dritte Möglichkeit, die Entrückung*. Unter Christen ist es ein »Familiengeheimnis«, die meisten anderen

Menschen scheinen nichts davon zu wissen. Doch ich weiß, dass mein Herr wiederkommen wird, um seine Kinder, seine Gemeinde, zu sich zu holen. Natürlich weiß ich genauso wenig wie jeder andere, wann das sein wird, aber ich gehe davon aus, dass es bald sein kann. Und dann bin ich nicht mehr krank, nicht mehr gelähmt, nicht mehr körperlich hilflos!

Eine Frage der Zeit — Januar 2002

Liebe Gisela,

es wird immer deutlicher, dass meine Muskelkraft spürbar nachlässt. Für unseren VW-Bus brauche ich nun einen kleinen Hocker als Einstiegshilfe, und aufs Pferd komme ich auch nur noch mit Hilfe. Selbst eine volle Tasse kann ich nicht mehr nur mit einer Hand hochheben.

Will Gott diese Krankheit oder lässt er sie »nur« zu? Eine wirklich knifflige Frage stellst du mir. Ich will eine Gegenfrage stellen: Ist denn eine Krankheit immer ein Feind, der verbissen und mit allen Mitteln bekämpft werden muss? Hat sie vielleicht manchmal einen verborgenen Sinn?

Jeder Mensch hat natürlicherweise den Wunsch, gesund zu sein – und dagegen ist nichts einzuwenden. Doch ob man gesund ist oder krank, jung oder alt, jeder Mensch ist ständig damit konfrontiert, dass er sterblich ist. Jeder kann einen Unfall haben, kann eine tödliche Krankheit bekommen. Eigentlich ist der Tod nur eine Frage der Zeit. Die Frage stellt sich jedem Menschen einmal – mir stellt Gott sie jetzt.

Es gab bisher zwei Gelegenheiten in meinem Leben, bei denen Gott mir unmissverständlich klar gemacht hat, dass ER mein Leben in der Hand hält.

Einmal war ich mit einem Kleinwagen auf der Autobahn unterwegs. Ich musste plötzlich scharf bremsen, die Räder blockierten, ich geriet in Panik. Hilflos erlebte ich, wie mein Wagen ins Schleudern geriet und sich mehrfach unkontrolliert um die eigene Achse drehte. Schließlich kann der Wagen zum Stehen: Ich stand auf dem Randstreifen, exakt parallel zur Fahrbahn, nur umgekehrt zur Fahrtrichtung. Vor mir war dichter Verkehr gewesen, doch hinter mir war anscheinend alles frei. Kein anderes Fahrzeug hatte mein schlingerndes Auto erwischt. Gott sei Dank!

Ein anderes Mal wollte ich noch rasch zu Fuß vor einem herankommenden Lkw eine Straße überqueren. Doch noch bevor ich den Bürgersteig erreichte, stolperte ich plötzlich. Gerade noch konnte ich mich im Fallen nach vorne werfen, da kam auch schon der Lastwagen – haarscharf an mir vorbei. Wieder kann ich nur sagen: Gott sei Dank!

Mein Gott ist der Herr über Leben und Tod, in jeder Situation. Und mit einer tödlichen Krankheit schenkt er mir und meiner Familie die Möglichkeit, uns sehr intensiv damit auseinanderzusetzen und darauf vorzubereiten.

Als Christ weiß ich doch genau, dass dieses Leben hier erst der Auftakt ist, der Beginn meiner persönlichen, individuellen ewigen Existenz. Und jeder Mensch trifft die Entscheidung darüber, wo er die Ewigkeit verbringen will, persönlich und während seines Lebens auf der Erde. Will ich ewiges, erfülltes Leben bei Gott, oder will ich eine ewige, qualvolle Existenz fern von Gott in der Hölle*?

Wenn Gott mir oder anderen durch meine Krankheit noch einmal drastisch vor Augen führt, dass das Leben in dieser Welt nicht alles ist, dass es um eine wesentlich wichtigere Frage geht, dann bekommt mein Leid schon einen ersten Sinn. Mein Leben und mein Wohlergehen auf dieser Erde sind längst nicht alles.

Gott handelt nicht willkürlich und sinnlos. Er gibt mir die Chance zu lernen. Wann mein Leben endet ist in jedem Fall seine Entscheidung.

Liebe Gisela,

mir ist nie bewusst gewesen, wie intensiv Gott mich auf diesen Lebensabschnitt vorbereitet hat. Mir ging es doch immer so außerordentlich gut, körperlich und seelisch. Na ja, ein gebrochener Fuß kurz vor der Geburt unseres dritten Kindes – nicht angenehm, aber auch keineswegs beunruhigend: Nach drei Monaten ist alles beim Alten. Die eine oder andere persönliche kleine Krise – eine gute Möglichkeit, um geistlich zu wachsen.

Und doch habe ich eine solide Grundausbildung zum Thema »Umgang mit Krankheit und Leid« genossen. Als ich noch ein Kind war, wurde meine Grundeinstellung bereits von Gott geprägt, ohne dass ich es überhaupt bemerkte.

Wir und unsere Gesundheit
Wir müssen immer danach trachten, gesund zu bleiben. Wenn einer krank ist, geht er zum Arzt oder nimmt eine Medizin. Dann wird er vielleicht wieder gesund. Manche aber nicht. Sie sind für immer krank. Mein Vater ist es auch. Er war 22 Jahre im Krankenhaus. Doch jetzt ist er mein Vater. Er hat mit 35 Jahren geheiratet. Und er ist doch etwas geworden. Und zwar Bankarbeiter.

Diesen kleinen »Aufsatz« schrieb ich im Alter von sieben Jahren – nicht in der Schule, sondern zu Hause, »für mich«.

Winter 1919/20. Der kleine Werner ist gerade fünf Jahre alt geworden. Mit seinen blauen Augen und dem dunklen Pagenkopf steht er vor ihr und bettelt: »Mama, ich will auch Schlitten fahren!«

»Du bist noch zu klein, du kannst noch nicht allein fahren.« – »Ich will aber so gern! Da ist so viel Schnee, und die anderen Kinder gehen auch alle.« Die junge Frau späht durchs Fenster. »Vielleicht nehmen Fritz und Ernst dich mit.«

Zwei warm verpackte Jungen von zwölf und dreizehn Jahren ziehen eilig ihren Schlitten hinter sich her. »Klar nehmen wir den Kleinen mit. Los, Wernerken, steig auf!« Strahlend lässt sich der kleine Knirps von den beiden großen Vettern ziehen. »Passt bloß gut auf den Kleinen auf! Er darf noch nicht allein fahren! Und nur da, wo es nicht so steil ist! Und kommt auf jeden Fall nach Hause, bevor es dunkel wird!« »Ja, Tante Martha, wir passen schon auf«, rufen sie über die Schulter zurück und sind schon verschwunden.

Seufzend geht die junge Frau wieder zurück in die zugige Stube. Die Kartoffeln sind noch nicht geschält; und auf einem wackligen Stuhl liegt ein kleiner Stapel Wäsche zum Flicken. Wenn ich nur nicht so müde wäre, denkt sie und legt die Hände sanft auf ihren weit vorgewölbten Bauch. Das Baby stößt von innen gegen ihre Hände. »Das wird wohl nicht mehr lange dauern. Vielleicht noch drei oder vier Wochen«, hatte ihre Mutter erst gestern gesagt. Endlich noch ein Baby ...

Und jetzt weiterarbeiten, befiehlt sie sich selbst und richtet sich gerade auf. Nicht träumen. Nicht ans Schlafen denken.

In der kleinen Stube wird es schnell dunkel. Sie zündet gerade die Petroleumlampe an, als sie aufgeregte Rufe, Schreie und ein jämmerliches Weinen von draußen hört. Schon sind sie da, stehen in der Stube, Mäntel und Schuhe voller Schnee. Einer hebt den schluchzenden Werner vom Schlitten, und er schreit laut auf. »Was ist passiert? Legt ihn hier auf die Bank. Ja, Werner, ich bin bei dir. Was ist denn bloß passiert?« Das rechte Bein scheint irgendwie kaputt zu sein. Werner weint immer weiter. »Mama – tut so weh – Aua! – Mama ...«

Die großen Jungen sind zerknirscht und völlig außer Atem. »Wir waren da oben, bei den Bäumen. Wir haben mit den anderen Jungen eine Schneeballschlacht gemacht. Und wir haben Werner gesagt, dass er zugucken darf, und er hat sich auf den Schlitten gesetzt, und da ist der Schlitten losgefahren, da ins Bachtal runter, und er ist in den Bach gefahren. Und zuerst hat er gar nichts gesagt, und dann hat er so schrecklich geschrieen, und das Bein sieht so komisch aus. Aber bluten tut es nicht, nur hier an der Stirn ein bisschen.«

Plötzlich ist die Stube brechend voll: die Oma, die Nachbarn. Werner wird in eine Decke gewickelt; die Mutter hält ihn im Arm, er weint immer noch. »Wo ist das passiert? Da wo das Bachbett letzten Sommer gemauert wurde? Ist er da in die Steine gerast?«

Die Oma streicht dem kleinen Jungen vorsichtig über das verklebte Haar. »Vielleicht müssen wir noch den Doktor holen«, murmelt sie.

Der Doktor kam. Aber helfen konnte er seinem kleinen wimmernden Patienten nicht. Das Kniegelenk und das Hüftgelenk des rechten Beins waren zertrümmert. Ein paar Wochen lag er auf der Küchenbank.

Das Baby kam, Werners Schmerzen wurden nicht besser. Man brachte ihn ins Krankenhaus. Auch hier: Ratlosigkeit bei den Ärzten. Sie versuchten zu operieren – aber wie?

Es wurde Sommer. Margret, die kleine Schwester, begann zu lachen. Einmal in der Woche durfte der kleine Junge eine halbe Stunde Besuch bekommen. Er konnte nur auf dem Rücken liegen, hatte Schmerzen – und Heimweh. Das Baby lachte, und er weinte, lautlos und verzweifelt.

Insgesamt 22 lange Jahre verbrachte Werner als Patient in verschiedenen Krankenhäusern, er wurde sieben Mal operiert. Während andere Kinder zur Schule gingen, lag er monatelang eingegipst von den Achseln bis zu den Zehenspitzen, weit weg von zu Hause. Besuch konnte er wegen der langen Reise zur »Kinder-Krüppel-Heilanstalt« am Niederrhein nur zweimal im Jahr bekommen. Schmerzen und Hilflosigkeit waren Werners ständige Begleiter.

Während andere Jugendliche ihre Schulzeit beendeten und eine Lehre begannen, war er noch immer ans Bett gefesselt und hatte nie eine Schule besuchen können. Doch Werner wollte lernen, unbedingt. Schnell konnte er lesen. Und er las und fragte und lernte. Nahezu alles, was man mit dem Kopf und den Armen tun kann, das lernte er, auf der »gesunden« Seite im Bett liegend. Er lernte Englisch, Latein und Griechisch; Geschichte, Mathematik und Literatur; er lernte Trompete spielen und schnitzen.

Und als 14-Jähriger lernte Werner Gott kennen. Die Begegnung mit dem auferstandenen Herrn prägte von da an sein Leben. Er wusste sich geborgen in der Liebe Gottes – und er legte sein Leben geduldig in die Hand Gottes.

Gott hat ein großartiges Wunder an ihm getan. Seit er denken konnte, hat dieser Junge fast nur Schmerzen, Leid und Einsamkeit erfahren, und doch war Werner jetzt erfüllt von der Liebe Gottes, und das strahlte aus in ein ganzes Leben voller Liebe, Geduld und Freundlichkeit. Ein Wunder der Gnade*. Zwar war sein Körper nicht geheilt, doch seine Seele war gesund.

Sein Leben war bis zum Schluss geprägt von Schmerzen und Behinderungen. Er konnte nie richtig gehen, war körperlich eingeschränkt und brauchte immer Hilfe. Nach einem Schlaganfall musste er die letzten vier Jahre seines 80-Jährigen Lebens als »Schwerstpflegefall« verbringen. Und selbst in dieser Zeit noch war er geduldig, freundlich und fröhlich. »Der Herr weiß, wie viel ich tragen kann; mehr gibt er mir nicht.«

Dieser Mann war mein Vater. Gott hat mir ein Vorbild gegeben. Ein schweres Erbe.

Einen Wunsch frei ... **März 2002**

Liebe Gisela,

du hast Recht mit deiner Vermutung. Das Leben meines Vaters hat sehr viele Menschen berührt – und verändert: Arbeitskollegen, Bekannte, Nachbarn, Ärzte, Krankenpfleger. Und Gott hat mir anscheinend jetzt die schwierige Aufgabe gestellt, dieses Beispiel für mich persönlich mit Leben zu füllen. Ich fühle mich völlig überfordert. Ich bin ungeduldig, ich weine viel, fühle mich manches Mal vernachlässigt.

Deine Frage hat mich verblüfft: Was ich mir am meisten wünsche? Spontan war mir klar, was ich mir am meisten wünsche:

wieder gesund zu sein, natürlich. Doch sofort meldete sich ein leiser Zweifel in meinen Gedanken. *Wenn im Märchen jemand einen Wunsch frei hat, dann wird ihm immer geraten, sehr gründlich nachzudenken, bevor er den Wunsch äußert.* Und auch in der Bibel lese ich von einem Menschen, dem Gott einen Wunsch erfüllen wollte.

> *»Dort in Gibeon erschien Jahwe Salomo in der Nacht im Traum. Gott sagte: ›Sprich aus, was ich dir geben soll!‹ Salomo erwiderte: ›Du hast deinem Sklaven David, meinem Vater, große Gnade erwiesen, weil er treu und gerecht war und aufrichtig vor dir gelebt hat. Du hast ihm diese große Gunst erhalten und ihm einen Sohn geschenkt, der heute auf seinem Thron sitzt. Und nun, Jahwe, mein Gott, du selbst hast deinen Diener anstelle meines Vaters zum König gemacht. Doch ich bin noch sehr jung und weiß weder aus noch ein. Dein Diener steht mitten in dem Volk, das du erwählt hast. Es ist ein großes Volk mit vielen Menschen, die niemand zählen kann. So gib deinem Diener ein hörendes Herz, damit er dein Volk recht richten und zwischen Gut und Böse unterscheiden kann. Wie kann ich sonst dieses schwierige Volk regieren?‹ Jahwe freute sich über diese Bitte Salomos. Deshalb sagte er zu ihm: ›Weil du gerade um diese Sache gebeten hast und nicht um ein langes Leben, Reichtum oder den Tod deiner Feinde, sondern um Verstand zum Hören auf das Recht, darum werde ich deinen Wunsch erfüllen. Pass auf! Ich gebe dir ein weises und verständiges Herz, so dass kein Mensch vor oder nach dir mit dir verglichen werden kann. Und auch das, was du nicht erbeten hast, gebe ich dir, nämlich Reichtum und Ehre, so dass zu deinen Lebzeiten keiner von den Königen dir gleich kommt. Und wenn du auf meinen Wegen gehst, dich nach meinen Ordnungen und Geboten richtest, wie es dein Vater David getan hat, schenke ich dir auch ein langes Leben‹«* (1. Könige 3,5-14; NeÜ).

Ich habe von Salomo gelesen, und noch einmal stelle ich mir deine Frage: Was wünsche ich mir am meisten? Spontan fallen mir – außer Gesundheit – zwei weitere zermürbende Situationen ein. Ein Mensch, der mir sehr nahe steht, hat enorme persönlich-seelische Probleme, und ich wünsche mir schon lange sehnlichst, dass dieser Person geholfen werden kann. Außerdem belastet es unsere Familie und einige andere Christen außerordentlich, dass unsere kleine christliche Gemeinde stark gefährdet ist und bald endgültig zu zerbrechen droht, hier brauchen wir Hilfe. Und das sind nur die dringendsten Wünsche aus meinem persönlichen Umfeld, für die ich bete.

Ist vor diesem Hintergrund immer noch mein innigster Wunsch Gesundheit? *Warum* und *wozu* möchte ich denn wieder gesund werden? Natürlich möchte ich zunächst einmal einfach deshalb diese Krankheit ALS loswerden, um mir selbst weiteres Leiden zu ersparen. Es ist sehr hart, wenn man bei vollem Bewusstsein erlebt, wie alle körperlichen Fähigkeiten nach und nach verloren gehen, bis man schließlich nicht mehr atmen kann.

Aber Halt!, muss ich mir gleich ins Gedächtnis zurückrufen. Zwar ist diese Situation alles andere als angenehm, doch was ist schon lange das Ziel meines Lebens? Seit ich mich zu Jesus Christus bekehrt habe, ist mein fest definiertes Lebensziel die ewige Herrlichkeit bei meinem Herrn. Nur habe ich »gute Gründe«, dieses Lebensziel anscheinend noch gar nicht erreichen zu wollen ... Ich will mich noch nicht von meinem Mann trennen müssen. Ich wehre mich innerlich dagegen, unsere Kinder schon bald zu verlassen – sie brauchen mich doch noch. Wäre ich ledig und kinderlos, fiele mir der Abschied wohl leichter ...

Würde ich mir Gesundheit also nur wünschen, um jetzt dem Leiden zu entgehen? Irgendwann im Alter würde es mich dann wieder einholen.

Dann möchte ich also gesund werden, um meinem Mann und unseren Kindern noch mehr Trauer und Leiden zu ersparen? Aber Gott hat doch versprochen, für sie zu sorgen und sie mit seiner Liebe zu umgeben. Auch sie können durch meine Krankheit lernen und in dieser Situation geistlich wachsen, so wie ich durch das Leiden meines Vaters lernen durfte.

Was also sollte ich mir wünschen, wenn ich einen Wunsch frei hätte? Vielleicht am besten die Weisheit, mit diesem Wunsch sinnvoll umzugehen ... !

Liebe Gisela,

da hast du in deinem letzten Brief einen empfindlichen Punkt getroffen. Alles in allem ist es tatsächlich so, dass wir den allerletzten Teil der Trauformel wirklich liebend gern ausklammern würden: » ... bis der Tod euch scheidet!« Wir haben die Liebe in »guten Tagen« und »in Gesundheit« erlebt, wir sind täglich dankbar für unsere Liebe in den »schlechten Tagen« und »in Krankheit«, aber wir möchten uns nicht, noch nicht, trennen lassen. Schließlich haben wir gerade erst unseren neunzehnten Hochzeitstag gefeiert! Noch sechs Jahre bis zur Silberhochzeit – so viel Zeit ist für mich inzwischen unüberschaubar geworden. Mit ALS habe ich laut Lehrbuch vielleicht noch eine Lebenserwartung von zwei oder drei Jahren. Aber ich will es nie vergessen, mein Leben liegt in Gottes Hand!

Beim Bibelstudium von Apostelgeschichte 14,8-18 stieß ich auf die uralte romantische Sage von Philemon und Baukis, die die Menschen aus Lystra ganz offensichtlich auch kannten. Das Wort Gottes berichtet, dass die Leute nach der göttlichen Heilung eines Gelähmten Barnabas für Zeus hielten und Paulus für Hermes. Um die angeblichen »Götter« gnädig zu stimmen, wollten sie den Aposteln sogar Opfer darbringen! Wie kamen die Menschen in Lystra bloß auf die Idee, Paulus und Barnabas für Götter in Menschengestalt zu halten?! Ein Blick in die altgriechische Sagenwelt offenbart des Rätsels Lösung:

In einer der Göttersagen heißt es, dass Zeus und Hermes eines Tages vom Olymp herabgestiegen seien, um die Menschen zu prüfen. Sie fanden allerdings nirgendwo Gastfreundschaft. Lediglich ein altes Ehepaar, Philemon und Baukis, nahm sie auf und bewirtete sie. Enttäuscht von den hartherzigen Menschen ließen die zornigen Götter das ganze Land überfluten, nur Philemon und Baukis wurden gerettet. Außerdem wurde ihnen zum Dank eine Bitte gewährt, und die beiden alten Liebenden wünschten sich, gleichzeitig sterben zu dürfen, damit keiner das Grab des anderen sehen müsse. Sie wurden daher am Ende ihres Lebens zugleich in Bäume verwandelt, deren Äste und Wurzeln noch ineinander verschlungen waren.

Wie gut können wir diesen Wunsch verstehen. Auch uns wäre es am liebsten, wenn nicht einer des anderen Grab sehen müsste – zumindest noch nicht so bald.

Eigentlich ist dieser Wunsch sehr kurzsichtig. Jesus geht auf einen ähnlichen Gedankengang in den Evangelien ein: *Wenn eine Frau mehrere Male hintereinander verwitwet, wessen Frau ist sie dann in der Auferstehung?* Mit dieser Frage wollten die frommen Sadduzäer, die gar nicht an die Auferstehung glaubten, den Herrn Jesus Christus aufs Glatteis locken. Doch der Versuch ist gründlich misslungen. Jesus antwortet ihnen: *»Ihr irrt, weil ihr die Schriften nicht kennt, noch die Kraft Gottes; denn in der Auferstehung heiraten sie nicht, noch werden sie verheiratet, sondern sie sind wie Engel im Himmel«* (Matthäus 22,29-30).

Nicht umsonst heißt es: »... bis der Tod euch scheidet« – über dieses Schwelle hinaus ist niemand mehr verheiratet! Was danach kommt, gehört einer anderen Wirklichkeit an, und selbst wenn es für uns jetzt nicht vorstellbar ist, werden wir nichts vermissen.
Doch so weit sind wir noch nicht. Solange wir noch auf der Erde leben, zusammenleben, können wir uns nur den Trennungsschmerz sehr real vorstellen.

Und doch bleibt uns nicht nur die Vorfreude auf die ewige Herrlichkeit bei Gott nach einer schmerzhaften Trennung durch den Tod. Wir wissen außerdem, dass die Entrückung bevorsteht! Vielleicht kommt unser Herr Jesus Christus ja schon, solange wir als Ehepaar noch zusammenleben ... Wäre das vielleicht ein weiser Wunsch?!

Liebe Gisela,

ich danke dir für deine Gebete! Viele Menschen beten regelmäßig für mich, für meinen Mann und unsere Kinder, und das ist eine große Hilfe und Beruhigung für uns.

Ich muss dir gestehen, dass ich selbst oft sehr unsicher bin, was ich beten soll. Soll ich um Heilung bitten? Das wäre sicherlich das Nächstliegende, aber ich will Gottes Pläne nicht durchkreuzen. Mein einziges Gebet im Hinblick auf meine Krankheit ist immer wieder: »Dein Wille geschehe!« Bin ich zu zaghaft? Nein, im tiefsten Inneren weiß ich, dass sogar diese Krankheit gut für mich ist.

> *»In dieser Zeit wurde Hiskija todkrank. Da kam der Prophet Jesaja Ben-Amoz zu ihm und sagte: ›Jahwe lässt dir sagen: Bereite dich auf dein Ende vor und regle deine Angelegenheiten, du kannst nicht am Leben bleiben!‹ Da drehte sich Hiskija zur Wand und betete: ›Ach Jahwe, denk doch daran, dass ich dir immer treu war, dass ich mit ganzer Hingabe tat, was dir gefällt!‹ Dann begann er laut zu weinen. Jesaja hatte die Innenstadt noch nicht verlassen, da kam das Wort Jahwes zu ihm: ›Kehre um und sage zu Hiskija, dem Fürsten meines Volkes: Jahwe, der Gott deines Vorfahren David, lässt dir sagen: Ich habe dein Gebet gehört und deine Tränen gesehen. Ich werde dich gesund machen. Übermorgen kannst du wieder ins Haus Jahwes gehen. Ich gebe dir noch fünfzehn Jahre Lebenszeit hinzu‹«* (2. Könige 20,1-6a; NeÜ).

Meine Krankheit verläuft im Moment relativ langsam – vielleicht schenkt Gott auch mir noch ein paar Jahre. Mein Gebet ist es, zumindest noch so lange leben zu dürfen, bis meine Kinder alle selbstständig sind. Vielleicht noch zehn Jahre?

Liebe Gisela, betest du mit mir für diesen Wunsch? Ist es ein weiser Wunsch? Kann er dem Willen Gottes entsprechen?

Liebe Gisela,

hattet ihr auch so einen herrlichen Sommer wie wir? Wir haben eine wunderschöne Zeit in Südfrankreich verlebt mit viel Sonne, viel Zeit und viel Wasser!

Aber leider wird es immer deutlicher, dass einige Muskelfunktionen sich langsam verabschieden ... so kann ich z. B. nicht mehr allein aufstehen, wenn ich auf der Wiese oder auf einem niedrigen Sofa sitze. Und wenn ich flach auf dem Rücken liege, dann habe ich nach einer Weile schon manchmal das Gefühl, dass ich nicht mehr gut tief durchatmen kann. Es ist ein seltsames Gefühl, seinen Körper so zu beobachten.

Auch am Mittelmeer waren wir wieder. Nachdem mein Mann und meine Kinder mich am Strand vom Sand hochgezogen und auf die Füße gestellt haben, bin ich mit unsicheren Beinen ins warme Wasser gewatet. Immer wieder erfüllt mich das Meer mit ehrfürchtigem Staunen – so groß, so gewaltig und dabei so wunderschön. Psalm 8 kam mir in den Sinn:

»HERR, unser Herr, wie herrlich ist dein Name auf der ganzen Erde, der du deine Hoheit gelegt hast auf die Himmel!
Aus dem Munde der Kinder und Säuglinge hast du Macht gegründet um deiner Bedränger willen, um zum Schweigen zu bringen den Feind und den Rachgierigen.
Wenn ich anschaue deine Himmel, deiner Finger Werk, den Mond und die Sterne, die du bereitet hast:
Was ist der Mensch, dass du sein gedenkst, und des Menschen Sohn, dass du dich um ihn kümmerst?
Denn du hast ihn wenig geringer gemacht als Engel, mit Herrlichkeit und Pracht krönst du ihn.
Du machst ihn zum Herrscher über die Werke deiner Hände; alles hast du unter seine Füße gestellt:

Schafe und Rinder allesamt und auch die Tiere des Feldes,
Vögel des Himmels und Fische des Meeres, was die Pfade der Meere durchzieht.
HERR, unser Herr, wie herrlich ist dein Name auf der ganzen Erde!«

Bis zum späten Abend waren wir in diesem hübschen Küstenort, und als wir uns schließlich wieder auf den Weg zu unserem Ferienhaus im Hinterland machen wollten, hatte plötzlich jemand eine wunderbare Idee: Man kann auch nachts baden, ohne Angst vor Sonnenbrand!

Es war herrlich! Ein einsamer Strand, das warme Meer, ein gigantischer Sternenhimmel über uns. Ich habe mich einfach ins Wasser gelegt, ein bisschen gepaddelt und mich ansonsten treiben lassen ... nichts von Krankheit war mehr zu spüren, nur schwereloses Schweben. Vielleicht bilde ich mir diese diffuse Kraftlosigkeit ja auch nur ein? Vielleicht ist mein Körper manchmal nur müde?

Doch kaum war ich aus der Schwerelosigkeit des Wassers auf den dunklen, festen Sand gekrabbelt, da meldete sich das motorische Ungeschick zurück. Auf dem unebenen Boden stolperte ich, fiel hin, kam nicht mehr allein hoch. Nein, Einbildung allein wirft mich wohl nicht ständig um.

An einem anderen Tag haben wir einen Ausflug nach Nimes gemacht – eine schöne alte Stadt mit vielen Denkmälern aus der Römerzeit. Das Wetter war wunderbar, wir haben viel gesehen – aber irgendwann wollten meine Beine nicht mehr. Ich hatte das Gefühl, keinen Fuß mehr vor den anderen setzen zu können. Und ich habe mich nach einem Rollstuhl gesehnt ... Ist es jetzt wirklich schon so weit?

Abschiede **September 2002**

Liebe Gisela,

seit ein paar Wochen kann ich nur noch mit Hilfe in unseren VW-Bus einsteigen. Deshalb benutze ich, wenn ich allein fahre, neuerdings unseren kleinen Zweitwagen. Aber auch das wird langsam schwierig.

Hier ist der Sitz so niedrig, dass das Aussteigen Probleme macht. Und du kannst dir wahrscheinlich kaum vorstellen, wie schwer es sein kann, einen Zündschlüssel herumzudrehen! Gestern habe ich geschlagene fünf Minuten versucht, das Auto zu starten. Schließlich habe ich den Schlüssel zwischen Zeigefinger und Mittelfinger geklemmt und mit der anderen Hand bei der Drehung nachgeholfen. Neuerdings stelle ich auf diese Art und Weise auch die Herdplatten an.

Man entwickelt schon seltsame Methoden, wenn die normalen einfachen Dinge des Alltags auf einmal zum großen Problem werden. Und manchmal geht einfach gar nichts mehr. Seit unserem Urlaub kann ich nicht mehr reiten. Wenn ich mit dem Fahrrad die fünf Minuten zur Weide fahren will, bin ich bei der Ankunft schon völlig entkräftet. Meine Hände weigern sich, meiner Stute das Halfter überzustreifen und die Schnalle zu schließen. Meine Füße weigern sich, auf dem unebenen Boden der Weide zu gehen. Meine Arme können den schweren Sattel nicht mehr hochheben. Wenn ich mich bücke, um Kitty die Hufe zu säubern, dann komme ich aus dem Gleichgewicht und falle um. Meine Knie und Hüften weigern sich, mein Gewicht beim Aufsteigen zu tragen. Nur das Reiten als solches wäre vielleicht noch möglich. Aber auch dabei überfallen mich bisweilen Muskelzuckungen und Krämpfe in den Beinen.

Es geht nicht mehr. Wie schwer und schmerzhaft ein solcher Abschied sein kann ...

Eine neue Erfahrung — **Oktober 2002**

Liebe Gisela,

letzten Samstag habe ich zum ersten Mal ernsthaft in einem Rollstuhl gesessen. Wir waren auf einer großen Messe, wo alle möglichen Dingen für Kranke, Behinderte und Pflegebedürftige ausgestellt werden – und wo es auch jede Menge Besucher im

Rollstuhl gibt. Im Eingangsbereich war ein kostenloser Rollstuhl-Verleih. Ich dachte an den Sommer, an Nimes, und habe einen Rollstuhl ausgeliehen.

Eine ganz neue Erfahrung, ungewohnte Empfindungen. Ich habe auf einmal eine ganz andere Perspektive, ich bin viel kleiner geworden, sehe alles aus der Höhe eines Kindes. Und plötzlich bin ich abhängig von einer »Begleitperson«, werde geschoben, kann mich nicht selbst entscheiden, wohin ich gehen und was ich anschaue möchte. Oft muss ich mir den Hals verrenken, um das zu sehen, was mich interessiert. Mein Mann schiebt mich durch die Gänge, aber wir können uns kaum unterhalten. Er kann nur schwer verstehen, was ich sage, da ich ja vor ihm sitze und ihn beim Sprechen nicht ansehen kann.

Aber etwas Gutes hat diese Erfahrung auch: Es wimmelte geradezu von Rollstühlen und von Menschen mit den unterschiedlichsten Krankheiten und Behinderungen. So kam ich mir im Rollstuhl fast völlig normal vor.

Viele erstaunliche Hilfsmittel haben wir kennengelernt. Wusstest du zum Beispiel, dass es möglich ist, einen Computer mit den Augen zu steuern? Oder hast du schon einmal eine Toilette benutzt, die höhenverstellbar ist und die dich auf Knopfdruck mit warmem Wasser abspült und anschließend auch noch trocken föhnt?

Es geht bergab ... November 2002

Liebe Gisela,

jetzt hältst du also meinen ersten Computer-Brief in Händen. Zuerst habe ich ja noch versucht, mit links zu schreiben – meine linke Seite ist von den Lähmungen noch nicht so sehr betroffen wie die Rechte. Aber auch mit links kann ich mittlerweile keinen Stift mehr richtig halten. Meine letzten Briefe waren ja schon sehr krakelig – meine Handschrift existiert nicht mehr. Wie gut, dass es Computer gibt!

Zwar ist auch das Tippen auf der Tastatur ziemlich mühsam und viel langwieriger als früher, aber das Ergebnis ist immerhin lesbar.

Doch seltsam ist es schon, nicht mehr schreiben zu können. Neulich war ich mit einem meiner Kinder einkaufen und wollte mit meiner Scheckkarte bezahlen. Doch so sehr ich mich auch bemühte – ich konnte den Stift nicht mehr halten und meine Unterschrift nicht mehr lesbar schreiben. Die ganze Sache endete damit, dass ich meine Einkäufe unbezahlt zurücklassen musste. Eine unangenehme und in gewisser Weise demütigende Erfahrung.

Ansonsten ging es mit mir letzte Woche auf einmal steil bergab: Ich bin die Kellertreppe hinuntergefallen. Eigentlich wollte ich nur durch den Flur gehen, dabei bin ich jedoch gestolpert, gerade vor dem Abgang zum Keller. Ich hatte nicht die Kraft, mich irgendwo fest zu halten oder abzufangen und bin kopfüber bis in den Keller gepoltert, inklusive zwei Wendungen. Als ich am Fuß der Treppe lag, stellte ich fest, dass mir wohl nichts Wesentliches passiert war – ich konnte bloß nicht allein aufstehen. Aber als meine Familie in heller Aufregung kam, um mich aufzuheben, habe ich es sogar geschafft, mit etwas Hilfe die Treppe wieder hinaufzukrabbeln. Und jetzt habe ich zwar überall blaue Flecken, und die linke Schulter tut noch etwas weh, aber ansonsten haben mich anscheinend Gottes Engel die Treppe hinunter begleitet. Nie zuvor ist mir eine Zusage Gottes so greifbar nahe gewesen: *»Denn er bietet seine Engel für dich auf, dich zu bewahren auf allen deinen Wegen«* (Psalm 91,11).

Theorie und Praxis — **Dezember 2002**

Liebe Gisela,

ich finde mich selbst überhaupt nicht so tapfer oder mutig oder abgeklärt, wie du schreibst. Auch mir macht diese Krankheit Angst. Aber ich spüre immer deutlicher, wie Gott mich von langer Hand auf diese Lebenssituation vorbereitet hat.

Wir sind immer gern schwimmen gegangen, und für jedes unserer Kinder war es ein großes Ereignis, endlich ohne Schwimmhilfe selbständig schwimmen zu können. Das kann man natürlich nicht plötzlich von selbst, sondern man muss es lernen und üben.

Zuerst kommt die »Theorie«. Ein Kind muss lernen, welche Bewegungen es machen muss, um nicht unterzugehen und um außerdem noch vorwärts zu kommen. Anfangs wird auf dem Trockenen geübt: auf den Bauch legen, die Arme so und die Beine so bewegen. Ein geübter Schwimmer macht es vor, das Kind imitiert die Bewegungen. Vielleicht sind sie noch etwas unkoordiniert. Macht aber nichts, wir »schwimmen« ja noch immer an Land. Dann ab ins flache Wasser – natürlich mit Schwimmhilfe und unter Aufsicht. Langsam lernt das Kind, frei zu schwimmen. Schließlich naht die Prüfung: ins Wasser springen und eine ganze Bahn schwimmen, allein, ohne Schwimmhilfe, im tiefen Wasser.

Manchmal habe ich den Eindruck, dass ich nur gerade in der Prüfungsphase bin. *Theorie ist, wenn praktisch nichts funktioniert ...* Theoretisch war ich auf vielen Gebieten schon bewandert. Theoretisch konnte ich zum Beispiel prima reiten. Ich hatte Lehrbücher gelesen, anderen zugesehen – aber praktisch kam ich nie nennenswert über mein Wald-und-Wiesen-Niveau hinaus.

Genauso basierten meine »Fähigkeiten« in der Kinder- und Frauenarbeit unserer Gemeinde nur auf theoretischen Kenntnissen. Ich kannte die biblischen Grundlagen und Prinzipien, hatte aus Büchern und Seminaren gelernt, sie anzuwenden, hatte mit der Zeit auch einige Übung darin – aber im Grunde war das alles nur Trockenschwimmen« oder allerhöchstens »erste Versuche mit Schwimmhilfe«. Ich hatte noch kein »tiefes Wasser« erlebt. Ich vertraute meinem Herrn Jesus Christus theoretisch – aber wie geht das eigentlich praktisch?

Wie oft wurde ich in Gesprächen mit Gedanken konfrontiert, die ich noch nie selbst hatte denken müssen: *Hat Gott mich wirklich lieb? Wie kann ich ihm denn jetzt noch vertrauen? Warum hat er mir all diese schrecklichen Dinge passieren lassen? Warum muss ich immer um alles kämpfen? Warum hilft Gott mir nicht?*

Ich versuchte, biblisch korrekte Antworten zu geben, am besten zu jeder Antwort eine Bibelstelle: *Natürlich liebt Gott dich! Er ist in jeder Situation bei dir! Er sorgt für dich! Du musst ihm nur vertrauen! Er wird dir wieder Freude schenken!*

Wirklich falsch waren die Antworten zwar nicht – aber wahrscheinlich oft unbarmherzig, ohne wirkliches Verständnis für die schwere Situation des anderen. So kann auch Gottes Wort, vorgebracht von einem Theoretiker, manchmal nicht den Trost entfalten, den Jesus Christus persönlich für jedes seiner geliebten Kinder hat.

Selbstverständlich bin ich weit davon entfernt, Gottes Gedanken zu denken. Doch war es nicht wirklich an der Zeit, diese theoretische Irmgard ins »tiefe Wasser« zu schicken, damit sie ihr Kopfwissen auch ganz praktisch anzuwenden lernt?

Ja, und hier bin ich nun, strample mich ab und sehne mich zurück an das Ufer, von dem ich losgeschwommen bin. Ich sollte besser das andere Ufer, das Ziel, nicht aus den Augen verlieren!

Mittendrin – »Was kommt denn noch alles?«

Weihnachten im Gartenstuhl — Januar 2003

Liebe Gisela,

ich hoffe, ihr hattet ein schönes Weihnachtsfest?! Ich muss sagen, bei mir war es eher originell. In den letzten paar Wochen sind meine Beine immer kraftloser geworden, und ich konnte nicht mehr vom Sofa aufstehen. Deswegen haben wir einen der Gartenstühle ins Wohnzimmer geholt. Von diesem Stuhl komme ich noch allein hoch, und er hat zumindest etwas mehr Bequemlichkeit als ein normaler Küchenstuhl. Aber so ganz behaglich habe ich mich in meinem Gartenstuhl dennoch nicht gefühlt. Ich werde mir möglichst bald einen Sessel mit elektrischer Aufsteh-Hilfe besorgen müssen. Und ich dachte immer, das wäre nur etwas für alte Leute ...

Zu Silvester gab es dann noch einmal einen krassen Einschnitt. Ich kann nicht mehr in unsere Gemeinde gehen. Als ich am Silvesterabend in unseren VW-Bus einsteigen wollte, da ging einfach gar nichts mehr. Auch mit Hilfe schaffte ich es nicht einzusteigen, meine Beine haben einfach den Dienst versagt. Und unsere Gemeinderäume liegen im ersten Stock, da gibt es nur eine lange Treppe und keinen Aufzug. Ich muss mich wohl endgültig damit abfinden, dass es nicht mehr geht.

Da mein Mann zu Silvester einen Dienst in der Gemeinde übernommen hatte, blieb ich allein zu Haus. Ich habe mich in meinen Gartenstuhl gesetzt und geweint.

Und inzwischen wird deutlich, dass ich immer mehr Hilfe brauche. Ich kann keine Butterbrote mehr machen und kein Fleisch mehr schneiden, ich kann keine Wäsche aufhängen und nicht mehr allein einkaufen, und auch beim Duschen, beim Zähneputzen und

Haarebürsten, beim Anziehen und Ausziehen brauche ich Hilfe. Meine Ärztin hat mir beim letzten Besuch dringend geraten, Pflegestufe 1 zu beantragen.

Nun werde ich also ein Pflegefall. Gerade 42 Jahre alt, fünf Kinder, immer aktiv, nie krank gewesen. Kann das wahr sein? Es muss einen Sinn haben, denn Gott handelt nicht sinnlos.

Ein unschuldiges Opfer **Februar 2003**

Liebe Gisela,

als du in deinem letzten Brief nach meinem Pferd gefragt hast, konnte ich die Tränen nicht zurückhalten. Ich muss dir ehrlich gestehen, dass ich nur sehr ungern daran denke, denn die Trauer und die Erinnerungen tun so weh. Trotzdem, wenn du schon fragst, dann erzähle ich dir jetzt von Kitty.

Schon als Teenager hatte ich feste Vorstellungen, wie mein späteres Leben einmal aussehen sollte. Ich wünschte mir eine große Familie mit vielen Kindern, leiblichen und adoptierten. Dazu ein Haus auf dem Land mit reichlich Platz für alle Kinder. Tiere gehörten auch zu meinem Wunschtraum; allerlei kleine Tiere und außerdem ein Hund, eine Katze, ein Pferd.

Ist es nicht einfach unfassbar, dass Gott mir all das und sogar noch mehr mir quasi in den Schoß hat fallen lassen, nichts war von unserer Seite aus langfristig geplant – wir haben durch viele glückliche Umstände auf nichts wirklich hinarbeiten müssen. Noch nicht einmal Kitty, meine Quarter-Horse-Stute, war »geplant«; es hatte sich alles plötzlich so ergeben, genau zum richtigen Zeitpunkt.

Unser jüngstes Kind war den ganzen Vormittag im Kindergarten, die anderen in der Schule, und dadurch ergaben sich für mich wieder neue Freiräume. Ich nahm mir die Zeit, wieder etwas mehr Sport zu treiben und meinem Hobby aus Jugendtagen nachzugehen. Ein- bis zweimal in der Woche ging ich reiten, als »Reitbeteiligung« auf einem »fremden« Pferd. Ich genoss diese Zeiten der totalen geistigen Entspannung und Erholung bei körperlicher Betätigung; nicht nur das Reiten selbst, auch den weitere Umgang mit diesem völlig unkomplizierten Pferd, selbst das Ausmisten. Viele Gedanken kann man einmal ungestört zu Ende denken, viele Ideen in Ruhe von allen Seiten beleuchten – und das Lob Gottes bei einsamen Ausritten laut heraussingen!

Nach einem halben Jahr bekam meine Idylle einen heftigen Knacks. Die Besitzer wollten Kitty abgeben, von einem Tag auf den anderen war sie plötzlich weg, verkauft, irgendwohin. Doch ich wollte mich noch endgültig von ihr verabschieden und sehen, ob sie gut untergebracht war. Was ich sah, machte mich noch trauriger. Kitty, schon 15 Jahre alt und mit kleinen Hufproblemen, die ein vorsichtiges und schonendes Reiten erfordern, sollte als »Schulpferd« mehrere Stunden täglich Anfängern das Reiten beibringen! Das hätte sie wohl nicht lange durchgehalten.

Ein paar Tage später war Kitty wieder da: auf ihrer gewohnten Weide, bei ihren gewohnten Pferdefreunden, bei mir. Ich hatte ein eigenes Pferd.

Sechs Jahre sind seit meiner ersten Begegnung mit Kitty vergangen. Entsetzt musste ich vor ein paar Monaten feststellen, dass ich mich bald nicht mehr um mein Pferd kümmern kann. Schweren Herzens musste ich anderen die Aufgaben überlassen, die ich selbst so gern erledigt hätte!

Wohlmeinende Christen aus meiner Gemeinde versuchten, mich zu trösten und zurechtzuweisen: *Vielleicht muss Gott dir dein Pferd nehmen, weil du es zu sehr liebst!* Der Vorwurf hat gesessen! Ich prüfte mich selbst und fragte Gott im Gebet: Ist mir Kitty zu wichtig? Vernachlässige ich die Aufgaben, die Gott mir gegeben hat, wegen eines Tieres?

Die Gefahr ist zweifellos nicht von der Hand zu weisen, doch ich versuchte, die Angelegenheit nüchtern zu betrachten. Durchschnittlich verbrachte ich zwei- bis dreimal in der Woche zwei Stunden bei meinem Pferd; immer vormittags, so dass meine Kinder weiterhin stets einen Ansprechpartner hatten, wenn sie zu Hause waren.

Weder meine Ehe, noch die Kinder, noch meine Dienste in der Gemeinde oder der Haushalt wurden von meinem Hobby merklich beeinträchtigt. Kitty hatte grundsätzlich nicht die erste Priorität. Und außerdem hatten wir als Familie noch nie einen Fernseher, der ja ansonsten auch bei Christen die eine oder andere Stunde fressen soll ... Nein, das ist keine »Strafe Gottes«.

In den letzten Wochen wurde es immer deutlicher, dass ich Kitty abgeben muss. Inzwischen ist sie 20 Jahre alt – ein altes Pferd. Durch einen Unfall hat sie sich vor Kurzem einen Sehnenriss zugezogen, so dass sie für etliche Monate nicht reitbar sein wird. Wird es noch einen Platz für sie geben?

Ich will kein Geld, sondern ich will mein Pferd verschenken. Schon seit Monaten bettele und flehe ich alle möglichen Leute mit Verbindung zu Pferden an, Kitty eine Heimat zu geben – umsonst. Ich kann mittlerweile selbst nicht einmal mehr auf die Weide gehen – der Boden dort ist viel zu uneben für mich, und außerdem bricht mir allein der Anblick fast das Herz.

Langsam sickert ein Gedanke in meinen Kopf: Wenn ich keinen finde, der sich um mein altes und zur Zeit krankes Pferd kümmert, dann ... – solche Gedanken denkt man nicht gern zu Ende, auch wenn es »nur ein Tier« ist. Aber auf meinem Schreibtisch liegt schon die Kleinanzeige aus der Zeitung bereit: *Kaufe Schlachtpferde nach Kilopreis* ... Ich setze mir eine Frist. Kitty selbst hat kein Bewusstsein für Leben und Tod, es ist nicht ihr Problem. Aber es ist meins.

Es gibt Christen, die keine Beziehung zu Tieren haben. Doch es gibt auch Christen, die Tiere als Geschöpfe Gottes gern haben. Auch ein Tier kann man lieb gewinnen, auch ein Tier hat von seinem Schöpfer eine individuelle Persönlichkeit bekommen, ob Kaninchen oder Katze, Hund oder Pferd. Ein Tier ist aber kein Mensch, meine »Liebe« zu einem Tier hat einen anderen Stellenwert als meine Liebe zu einem Menschen. Und doch, wer es nicht selbst erlebt hat, weiß nicht, dass man auch als Christ an einem Tier hängen kann.

Bei meiner Bekehrung war mir allmählich klar geworden, was es bedeutet, wenn ein unschuldiges Tier geopfert werden muss. Ich las von Abraham und Isaak. Ich las vom Passahlamm, das die Israeliten vor ihrer Befreiung aus der Sklaverei in Ägypten schlachten mussten. Ich las die Opfergesetze des Alten Testaments. Und schließlich die Krönung: Jesus Christus, das Lamm Gottes, stirbt und beseitigt durch seinen Opfertod die Sünde* der Welt.

Ein roter Faden zieht sich durch alle diese Opfer: ein Unschuldiger stirbt stellvertretend für einen Schuldigen. Und unschuldig vor Gott konnte zunächst nur ein Tier sein, kein Mensch ist jemals dazu in der Lage. Einzig und allein Gottes Sohn Jesus Christus war sündlos, und deshalb ist er als Stellvertreter für mich, die Sünderin, gestorben. Ich hatte durch meine Sünde die Todesstrafe verdient, und Jesus, mein Herr und Erlöser, hat sich als mein Schlachtopfer zur Verfügung gestellt. *Halleluja! Preist den Herrn!*

P.S. Das Unvorstellbare ist geschehen. Buchstäblich in letzter Minute hat sich ein netter Mensch gefunden, der sich darüber freut, Kitty pflegen und verwöhnen zu dürfen!

Ich muss an Abraham und Isaak denken. *Danke, Herr Jesus!*

Hilfsmittel **April 2003**

Liebe Gisela,

wieder einmal habe ich etwas zum letzten Mal getan. Als ich Kitty abgegeben habe, war dies auch meine letzte selbstständige Autofahrt. Ich kann den Zündschlüssel nicht mehr allein betätigen, ich kann nicht mehr allein aus dem Auto aussteigen, ich kann mich nicht mehr auf die Muskelkraft in meinen Beinen zum Gasgeben und Bremsen verlassen.

Jetzt zeigt die Krankheit langsam ihre Krallen und Zähne. Und wir müssen nun handeln. Unser Haus muss »behindertengerecht« werden. Eine Menge Veränderungen stehen uns bevor. Unser Schlafzimmer muss aus dem Untergeschoss in die erste Etage verlegt werden. Ein Treppenlift muss her, der das Erdgeschoss mit der ersten Etage verbindet. Das Badezimmer muss »barrierefrei« werden, mit ebenerdiger Dusche und erhöhter Toilette. Dann brauche ich noch mehr Hilfsmittel. Ein Rollstuhl wird langsam unumgänglich, denn außerhalb des Hauses kann ich mich nur noch sehr langsam und mühsam fortbewegen. Ein Duschstuhl entlastet die müden Beine bei der Körperpflege. Außerdem kommt nun regelmäßig zweimal in der Woche eine Physiotherapeutin.

So langsam und allmählich muss ich mich auf ein Leben als Behinderte einstellen.

Ich kann nicht mehr — Mai 2003

Liebe Gisela,

heute muss ich mich einfach mal ein bisschen bei dir ausheulen. Ein paar Mal habe ich gestern gesagt. Ich kann nicht mehr – und ich will auch nicht mehr. Wenn diese Krankheit ohnehin tödlich endet, dann sollte sie doch auch gleich vorbei sein. Dann sollte Gott mich doch einfach zu sich holen, und fertig, aus, Punkt, Schluss.

Und was ist passiert? Im Grunde nichts Besonderes. Bei einem Baby oder einem jungen Hund ist das völlig normal. Ich bin nicht mehr stubenrein. Offensichtlich haben die Beckenbodenmuskulatur und die Schließmuskel von Blase und Darm nun auch schon etwas mitgekriegt, obwohl das laut Lehrbuch über ALS eigentlich nicht der Fall sein sollte. Tatsache ist jedenfalls, dass ich mich nicht mehr geschlossen halten kann, bis ich endlich im Schneckentempo auf der Toilette angekommen bin und meine Kleidung sortiert habe. Es ist so peinlich, so demütigend. Ich bin hilflos, meine Kinder sind erschrocken und hilflos – glücklicherweise war mein Mann zu Hause, und er hat sich ohne Weiteres an die Aufräumungsarbeiten gemacht. Als ich dann endlich in der Dusche stand und mich nicht einmal mehr allein säubern konnte, da brachen die Tränen einfach hervor.

Ich will das alles nicht, und trotzdem kann ich nichts dagegen tun. Ich will meinen Kindern, meinem Mann das alles ersparen, ja, und mir selbst auch. Ich will meine Selbstständigkeit nicht aufgeben. Aber was ich will oder nicht will, das steht hier offensichtlich nicht zur Debatte. Ich muss mich dem Willen Gottes fügen.

Wie oft habe ich schon gesagt: Dein Wille geschehe. Habe ich das wirklich jemals so gemeint? Jetzt muss ich es wohl üben, Gottes Willen anzunehmen. Und das ist gar nicht so einfach, wie ich immer dachte. Auch dazu brauche ich Seine Hilfe.

Weißt du, es ist so unendlich tröstlich zu wissen, dass du für mich und meine ganze Familie betest, wie so viele andere Christen auch. Dieses Wissen und die Gebete richten mich immer wieder auf, wenn ich so traurig und mutlos bin. Danke.

Bloß kein schönes Wetter! **Juni 2003**

Liebe Gisela,

vielen Dank für die wunderschönen Blumenbilder aus deinem Garten! Es fasziniert mich, wie in jedem einzelnen Blatt Gottes Handschrift zu sehen ist. Unfassbar, wie Gott selbst die kleinsten Dinge im Blick hat.

Doch ich will dir nicht verschweigen, dass mich auch eine tiefe Wehmut überkommt, wenn ich die stummen Zeugen eines üppigen Frühsommers vor mir sehe. Oder wenn ich aus dem Fenster schaue. Der Himmel klar und wolkenlos; mit Tau überzogene Grasspitzen glitzern im Sonnenschein. Eine leichte Brise weht durch die Blätter, ich höre die Vögel, sehe Schwalben wendig nach ihrer Beute jagen. Wie schön wäre es jetzt, durch die Felder zu streifen, die ich von meinem Fenster aus sehen kann. Aber das kann ich nicht mehr.

Wie gern habe ich sonst bei solchem Wetter mit meinem Hund eine große Runde mit dem Fahrrad gedreht. Aber das kann ich nicht mehr.

Welch ein idealer Tag es wäre, um einen Ausritt zu machen. Aber das kann ich nicht mehr.

Das Wetter ist natürlich nicht Schuld daran – trotz all meiner Traurigkeit ist es wunderschön, und überall kann ich Menschen sehen, die spazieren gehen, Fahrrad fahren, mit ihrem Hund oder ihrem Pferd unterwegs sind. Bei schönem Wetter ist die Trauer einfach am größten, ganz gleich ob im Frühling oder im Sommer, im Herbst oder im Winter. Ich sehne mich nach einem Teil meines früheren Lebens – doch das ist unwiederbringlich vorbei.

Zwar war ich früher bei Wind und Wetter draußen – und auch »schlechtes« Wetter hat seine Reize – , doch wenn die Aussicht aus meinem Fenster grau und unfreundlich ist, fällt es auch meinen Gedanken und Sehnsüchten leichter, nicht spazieren zu gehen und immer wieder gegen die Gedankenmauer anzurennen, die ständig wiederholt: *Aber das kann ich nicht mehr.*

Lauter kleine Abschiede, immer wieder der Gedanke: *Nie wieder ...* Nie wieder kann ich auf einer Wiese liegen und die Wolken betrachten. Nie wieder kann ich mit dem Fahrrad fahren. Nie wieder kann ich spazieren gehen. Nie wieder kann ich Federball spielen. *Nie wieder ...*

Vielleicht denkst du jetzt das Gleiche wie viele andere auch: *Du hast doch jetzt einen Rollstuhl, Irmgard. Warum lässt du dich nicht einfach bei schönem Wetter in Gottes wunderbarer Schöpfung spazieren fahren?* Dieser Vorschlag wurde mir natürlich schon häufig gemacht, doch ich fühle mich noch nicht stark genug dazu. Ein einziges Mal habe ich es ausprobiert, doch ich konnte meine Trauer und meine Sehnsucht nur schwer ertragen. Jede Wegbiegung, jeder Baum, jeder Strauch war plötzlich mit Erinnerungen gefüllt, die mir immer wieder die Tränen in die Augen trieb. Vielleicht später? Vielleicht.

Jetzt übe ich erst einmal, das schöne Wetter ohne Vorbehalte auf der Terrasse zu genießen. Wie schwer es doch ist, Gefühle unter Kontrolle zu bringen!

Liebe Gisela,

ich danke dir, dass ich dir meine Gedanken einfach so schreiben darf – auch meine Trauer und meine Tränen gehören dazu. Allzu oft sind es gerade die Kleinigkeiten, die mir am meisten zu schaffen machen. Du hast in deinem letzten Brief so liebevoll gefragt, deswegen habe ich den Mut, noch mehr von meinen Gefühlen zu berichten. Es ist ein großer Trost für mich, dass ich auch vor Gott nicht immer stark sein muss. Ich lasse mich fallen und kann vor ihm weinen, auch über »Kleinigkeiten«.

Ich hätte nie gedacht, dass es für mich eine Bedeutung hat, wie beispielsweise mein Küchenschrank eingeräumt wird. Machst *du* dir über solche Dinge Gedanken?! Ob die Töpfe links und die Pfannen rechts stehen oder umgekehrt, die kleinen oben und die großen unten ... das ist nun wirklich vollkommen belanglos, nicht wahr? Genau so bedeutungslos ist es, wie die Wäsche gefaltet wird und auf welche Art und Weise man die Fenster putzt.

Kannst du dir vorstellen, dass man sich um solchen »Kleinkram« Gedanken macht? Wenn mir vor ein paar Jahren jemand gesagt hätte, dass mir so etwas einmal wichtig würde – ich hätte nur darüber lachen können. *Es ist doch völlig gleichgültig, wie man einen Schrank einräumt,* hätte ich gesagt. Und in Gedanken hätte ich vielleicht dazugesetzt: *Wenn es mir nicht passt, räume ich es eben wieder um.*

Und genau das ist jetzt mein »Problem«: Ich kann es *eben nicht* wieder umräumen! Ich muss es hinnehmen, wenn in meinen früheren Verantwortungsbereichen, z.B. in der Küche, nun viele Kleinigkeiten anders gemacht werden. Diese alltäglichen Details zeigen mir auf Schritt und Tritt, dass ich immer hilfloser werde. Mein Leben wird mir aus der Hand genommen. Und manche Dinge stehen nicht mehr in meinem Belieben. Wo welche Töpfe in »meiner« Küche stehen – das ist einfach nicht mehr meine Angelegenheit. Denn es ist noch nicht einmal mehr so richtig »meine« Küche.

Ich habe nun eine regelmäßige Haushaltshilfe, die täglich drei Stunden kommt und sich um all das kümmert, was ich nicht mehr tun kann. Ich muss viele Zuständigkeiten abgeben; Verantwortung, die für mich immer selbstverständlich war. Und *darum* trauere ich, nicht eigentlich um die sichtbaren Veränderungen.

Und es sind nicht nur die Töpfe. Da sehe ich dann zum Beispiel auch meinen Schlüsselbund im Flur hängen. An dem ledernen Fischanhänger baumeln einsam ein Haustürschlüssel und ein Briefkastenschlüssel. (Und auch die kann ich mit meinen gelähmten Händen nicht mehr benutzen.) Früher war das ein Monstrum von Schlüsselbund mit mehreren »Abteilungen«: Haus-, Garagen-, Fahrrad- und Autoschlüssel, Gemeindeschlüssel, Stall- und Weideschlüssel – fast zwanzig einzelne Exemplare. Jetzt ist es vorbei mit meiner »Schlüsselgewalt«.

Heute ist mir übrigens plötzlich klar geworden, dass ich vor zwei Wochen mal wieder etwas zum letzten Mal getan habe: Ich war noch einmal mit großer Mühe im Keller und im Dachgeschoss, zum Aufräumen. Auch da ist es nun vorbei mit meiner Verantwortung. Der Keller, das Dachgeschoss – die könnten genauso gut auf dem Mars liegen, denn für mich sind sie nun ebenso unerreichbar.

Sind solche Einzelheiten es überhaupt wert, dass man auch nur einen Gedanken daran verschwendet? Ich bin froh darüber, dass ich meinen Gefühlen so auf die Spur kommen kann.

Es fällt mir viel leichter, meine Trauer Gott zu übergeben, wenn ich klar benennen kann, warum und worüber ich traurig bin. Und mein Herr tut ein Wunder an mir: Ich fühle mich – trotz allem und mehr als jemals zuvor – in Gott geborgen.

Augentropfen? Augen tropfen ... August 2003

Liebe Gisela,

nur ein kurzer Gruß zwischendurch aus Dänemark! Obwohl wir schon so oft in diesem Land waren, sehe ich es in diesem Jahr doch mit anderen Augen, nämlich aus der Rollstuhl-Perspektive.

Apropos Augen: Als wir nach der langen und für mich ziemlich ermüdenden Fahrt endlich ankamen, liefen die Kinder wie immer durch den Garten und das ganze Haus, um alles auszukundschaften. Das war mir viel zu anstrengend, ich konnte mich nur noch auf die Bank vor dem Haus setzen, und dann kamen mir die Tränen. Wie ein Donnerschlag kam es mir zu Bewusstsein, dass dies für mich kein »normaler« Urlaub werden würde. Ich kann weder schwimmen noch Federball spielen, weder reiten noch Kahn fahren – noch nicht einmal spazieren gehen.

Eines meiner Kinder kam vorbei, schaute mich an und fragte: »Hast du gerade deine Augentropfen bekommen?« Nein, das waren nicht die Augentropfen. Manchmal passiert das auch so, dass die Augen tropfen.

Draußen sitze ich jetzt fast nur noch im Rollstuhl, kann bloß ab und zu nochmal ein kurzes Stück gehen, wenn ich mich am Rollstuhl abstützen kann. Ein riesengroßes Erlebnis war es gestern für mich, eine Runde durch den Garten zu gehen – das ist ein Grundstück von vielleicht 800 Quadratmetern. Habe ich »gehen« geschrieben? Wahrscheinlich sollte ich eher sagen, dass ich gehumpelt und geschlichen bin, und mein Mann musste mich dabei die ganze Zeit über gut fest halten.

Liebe Gisela,

seit wir aus dem Urlaub zurück sind, benutze ich auch in der Wohnung häufiger den Rollstuhl. Ich kann mich zum Beispiel nicht mehr einfach auf einen Küchenstuhl an den Tisch setzen, denn mir fehlt der seitliche Halt. Und ist dir jemals bewusst geworden, dass man beim Aufstehen vom Tisch gleichzeitig den Stuhl nach hinten schieben muss? Das alles sind für mich nun so komplizierte Mechanismen und Bewegungsabläufe, dass ich mich tatsächlich lieber in den Rollstuhl setze. Ich kann mich dann mit dem linken Fuß abstoßen und mich ein paar Meter in der Wohnung rückwärts rollend fortbewegen.

Auch beim Duschen und auf der Toilette brauche ich Hilfe; außerdem muss mir jemand das Essen klein schneiden. Zum Glück kann ich noch allein essen. Ich habe mir Griff-Verdickungen für mein Essbesteck besorgt; dann liegen Löffel oder Gabel besser in der Hand, und das Greifen wird einfacher. Meine Hände haben zwar nicht mehr viel Kraft zum Zupacken, aber mit Konzentration und Geduld schaffe ich es noch. Bald müssen mich wohl meine Kinder mittags füttern –

Aber einen Punkt auf der Liste dessen, was ich alles nicht mehr kann, habe ich nun wieder gestrichen! Vor einer Weile schrieb ich dir ja bereits, dass ich nicht mehr unterschreiben und daher auch nicht mehr mit meiner Scheckkarte einkaufen kann. Dieses Problem ist gelöst! Weißt du wie? Ich bin zu einem Stempelmacher gegangen, und er hat meine gut lesbare Unterschrift von meinem Führerschein gescannt und zu einem Stempel verarbeitet! Wenn ich jetzt irgendwo unterschreiben muss, dann zücke ich meinen Unterschriftenstempel und lasse »unterstempeln«. Natürlich ist das juristisch nicht wasserdicht, aber zum Einkaufen mit Karte oder zum Abzeichnen einer Empfangsbestätigung reicht es völlig aus. Die meisten akzeptieren diese Methode jedenfalls ohne

Probleme. So kann ich wenigstens wieder meine Unterschrift leisten wie ein erwachsener Mensch.

Im Schne-cken-tem-po November 2003

Liebe Gisela,

kannst du dir noch vorstellen, dass mein Leben einmal ganz anders aussah als jetzt? Mir selbst kommen diese frischen Erinnerungen manchmal ganz unwirklich vor. Es sind doch erst zwei, drei Jahre ... Kürzlich erst sagte eines meiner Kinder: Ich weiß gar nicht mehr, wie es vor deiner Krankheit war.

Die Winteraktivitäten, die du in deinem Brief beschrieben hast, die kenne ich so gut! Ja, ich kenne das Gefühl beim Schlittschuhlaufen, dieses fast schwerelose Gleiten, und ich kenne auch das Kribbeln im Bauch beim Rodeln, wenn es einen steilen Abhang hinuntergeht. Aber das ist alles so weit weg ... wie hinter einer Milchglasscheibe verborgen.

Mein Leben hat sich vollständig gewandelt. Die Krankheit umklammert meinen Alltag mit eisernem Griff. Früher war ich ständig in Aktion – heute kann ich nur sitzen oder, mit Einschränkungen, liegen. Oder ganz bedächtig, Schritt für Schritt, ein paar Meter gehen.

Alles läuft scheinbar in Zeitlupe ab. Die Bewegungen, die überhaupt noch möglich sind, kann ich nur mit zermürbender Langsamkeit ausführen. Der Treppenlift kriecht förmlich die Treppe hinauf. Mein spezieller Sessel mit Aufstehhilfe richtet sich ganz gemächlich auf. (Und selbst mit elektrischer Aufstehhilfe brauche ich noch jemanden, der mich stützt.) Wenn ich am Computer arbeite, kann ich dazu nur noch mit Mühe zwei Finger benutzen. Alles braucht so unglaublich viel Zeit.

Oft träume ich von früher, von einem Leben quasi ohne körperliche Einschränkungen. Gab es eine Arbeit zu erledigen, dann wurde sie zügig erledigt. War etwas einzukaufen, dann fuhr ich einkaufen.

Gelegentlich war Schreibtischarbeit an der Reihe: Übersetzen, Artikel schreiben, Gedanken zur Bibel und Stundenentwürfe für Frauen-, Teeny- und Kinderarbeit ausarbeiten. Was immer in der Gemeinde geplant war, ich konnte mithelfen. Und zwischendurch gab es Entspannung mit Pferd. Wenn die Kinder schulfrei hatten, unternahmen wir etwas gemeinsam. Meine Tage waren vielseitig ausgefüllt, es ging treppauf und treppab, hin und her.

Ganz besonders auffällig ist die Veränderung für mich, wenn ich meine Bibel aufschlage. Das geht inzwischen nur noch, wenn sie direkt vor mir auf dem Tisch liegt. Früher habe ich immer mit einem Stift in der Hand in Gottes Wort gelesen. Ich habe viel unterstrichen, Kommentare, Erklärungen, Anmerkungen, Querverweise dazu geschrieben. Meine Bibel war ein »Arbeitsbuch«. Das geht jetzt nicht mehr. Meine Finger können nichts mehr festhalten. Gott selbst hat mir den Stift aus der Hand genommen. Und manchmal weiß ich kaum wohin mit meinen Gedanken zu einem Bibeltext – ich kann sie nicht mehr »konservieren«. Ich kann nur versuchen, sie umzuwandeln in ein Gebet. Und so dient denn meine Behinderung auch dazu, meine persönliche Beziehung zu Gott zu intensivieren. Das »theologische«, kopflastige Bibelstudium muss einem persönlichen und beziehungsorientierten Lesen von Gottes Wort weichen. Und ich erkenne, wie gut das für mich ist.

Ja, natürlich, ich habe Gottes Wort mittlerweile auch auf meinem Computer, und da könnte ich im Grunde nach Lust und Laune kommentieren. Aber ich finde es sehr schwer, einen persönlichen Zugang zu den biblischen Texten durch einen Monitor hindurch zu finden. Vielleicht bin ich zu konservativ!

Neulich hatte ich einen ganz banalen und doch schönen Traum. Ich war mit meiner Familie im Auto irgendwo hin gefahren. Am Ziel angekommen waren alle so beschäftigt, dass keiner daran dachte, den Rollstuhl auszuladen oder mir aus dem Auto zu helfen. Da stieg ich dann im Traum ganz einfach allein aus, holte den Rollstuhl aus dem Kofferraum, machte ihn fahrbereit und stellte dabei fest, dass ich nicht mehr hilflos war. Und der Rollstuhl verschwand.

Und wenn meine Krankheit einfach vorbei wäre? Was wäre, wenn ...? Alles wäre wieder anders, so wie früher, nur noch viel schöner. Von Zeit zu Zeit gestatte ich meinen Gedanken spazieren zu gehen. Dann erlebt meine Fantasie einen *ganz normalen Tag.*

Er beginnt damit, dass ich aufstehen *kann*, wann ich das will. Ich kann flink duschen, mich zügig anziehen; und ich kann auch wieder die Kleidung tragen, die mir gefällt. (Wenn man im Rollstuhl sitzt, wird auch die Art der Kleidung nur durch Funktionalität bestimmt: Um mir noch so lange wie möglich ein Mindestmaß an Selbständigkeit und Intimsphäre zu erhalten, trage ich jetzt nur noch Kleider, keine Hosen oder Strumpfhosen, nichts mit Knöpfen oder Reißverschlüssen.) Ich kann die Kinder vor der Schule versorgen und nach dem Frühstück schnell die wesentlichen Dinge im Haushalt erledigen. Ich kann mich wieder wie früher, auf meine eigene Art, mit Gottes Wort beschäftigen. Ich kann wieder viel unterwegs sein, in der Gemeinde mitarbeiten, als »Dienstleistungsunternehmen« für meine Familie tätig sein.

Halt, jetzt ist genug geträumt. Mein Leben ist kein Traum, und Gott hat mich in meine Realität gestellt. Mit seiner Hilfe stelle ich mich der Wirklichkeit.

Manchmal fühlt es sich zwar an, als sei mir die Trauer wie ein schwarzer Sack übergestülpt. Aber eigentlich bin ich nicht melancholisch veranlagt. Und dann schneide ich mir einfach ein paar Löcher in den Sack, damit die Freude und das Lachen noch hindurchpfeifen können ...

Eine neue Gemeinde! **Dezember 2003**

Liebe Gisela,

ich schicke dir eine freudige Nachricht zum Advent. Wir haben eine neue Gemeinde! Erinnerst du dich noch? Vor fast einem Jahr habe ich dir geschrieben, dass ich die lange Treppe zu unseren Gemeinderäumen nicht mehr bewältigen kann. Da es aber in der

Gemeinde ausgerechnet im vergangenen Jahr erhebliche geistliche Probleme gab, fühlte sich mein Mann noch sehr gedrängt, die Gemeinde nicht im Stich zu lassen.

Ich muss gestehen, dass mich dieses Jahr quasi ohne Gemeinde stark belastet hat. Ich habe meine geistliche Heimat sehr vermisst. Nun war es gar nicht so einfach, eine neue Gemeinde zu finden. In unserer Gegend sind gute Gemeinden dünn gesät – und dann muss es ja auch noch eine sein, die mit einem Rollstuhl ohne Weiteres zugänglich ist – keine Treppen, keine Stufen, keine schmalen Gänge.

Zur neuen Gemeinde haben wir nun zwar eine gute halbe Stunde Autofahrt, aber wir fühlen uns dort sehr gut aufgehoben. Ich danke Gott, dass er mir eine neue geistliche Heimat geschenkt hat!

Die Glaubensgeschwister* in unserer neuen Gemeinde haben uns sehr liebevoll aufgenommen und uns von Anfang an viel Hilfe angeboten, praktische und geistliche. So werden wir beispielsweise sonntags von den Geschwistern abwechselnd mit Essen versorgt, damit mein Mann und die Kinder ein wenig Entlastung haben. Und auch geistliche Hilfe, Gebetsunterstützung, erfahren wir in der Gemeinde, das macht mich sehr froh. Ich fühle mich umsorgt und liebevoll getragen, ganz so wie der Gelähmte mit seinen vier Freunden, die es als ihre wichtigste Aufgabe ansahen, ihren hilflosen Freund zum Herrn Jesus zu tragen. Solche Freunde, solche Geschwister sind ein Geschenk Gottes!

»Eines Tages, als Jesus wieder lehrte, saßen unter den Zuhörern auch Pharisäer und Gesetzeslehrer. Sie waren aus allen Dörfern Galiläas, aus Judäa und Jerusalem gekommen. Und die Kraft des Herrn drängte Jesus zu heilen. Da brachten einige Männer einen Gelähmten auf einer Trage herbei. Sie wollten ihn ins Haus hineintragen und vor Jesus hinlegen. Weil sie aber wegen des Gedränges der Leute keinen Weg fanden, wie sie ihn hineinbringen sollten, stiegen sie aufs Dach, deckten einige Ziegel ab und ließen die Trage mit dem Kranken mitten unter sie hinunter, genau vor Jesus. Als Jesus ihren Glauben sah, sagte er zu dem Mann: ›Deine Sünden sind dir vergeben.‹ Die Gesetzeslehrer und Pharisäer fragten sich empört: ›Was bildet der

sich ein? Das ist ja Gotteslästerung! Niemand kann Sünden vergeben außer Gott!‹ Jesus wusste, was sie dachten und fragte sie: ›Was macht ihr euch da für Gedanken? Was ist leichter - zu sagen: Deine Sünden sind dir vergeben, oder: Steh auf und geh!? Doch ihr sollt sehen, dass der Menschensohn die Vollmacht hat, hier auf der Erde Sünden zu vergeben!‹ Dann wandte er sich zu dem Gelähmten und sagte: ›Ich befehle dir: Steh auf, nimm deine Trage und geh nach Hause!‹ Sofort stand der Mann auf, nahm vor aller Augen die Trage, auf der er gelegen hatte, und ging nach Hause. Dabei pries er Gott unaufhörlich. Alle gerieten außer sich, lobten Gott und sagten voller Furcht: ›Unglaubliches haben wir heute gesehen‹« (Lukas 5,17-26; NeÜ).

Das größere Wunder ist, dass Gott die Vergebung* der Sünden durch Jesus an mir schon vollbracht hat! Ob das kleinere, die körperliche Heilung, tatsächlich noch folgt? Ich lege es in seine Hand.

Atemprobleme — Januar 2004

Liebe Gisela,

eigentlich wollte ich dir nur einen lieben Gruß zum neuen Jahr schicken. Aber nun schreibe ich dir auch, wie traurig und mutlos ich bin.

Seit ein paar Wochen schon schlafe ich gar nicht mehr gut. Zwar kann ich gut einschlafen, aber spätestens nach einer Stunde, manchmal sogar schon nach einer halben Stunde, wache ich wieder auf. Dann setze ich mich auf die Bettkante, um tief durchzuatmen. Manchmal reicht das nicht, und ich gehe ins Bad, reiße das Fenster weit auf und atme die kalte Nachtluft. Aber wenn ich dann wieder im Bett liege, geht schon bald das Gleiche wieder von vorn los.

Eine Weile habe ich wohl verdrängt, was das sein könnte. Vielleicht will ich es auch nicht wahrhaben. Aber es sind wohl die ersten Atemprobleme. Meine Atemmuskulatur ist inzwischen so angegriffen, dass ich im Liegen nicht genug Luft bekomme.

Im November hatte meine Ärztin mich gefragt, wie meine

Atmung sei. Da habe ich noch recht ausweichend geantwortet, vielleicht könnte die Atmung ja mal bei Gelegenheit in einem Schlaflabor untersucht werden. Aber jetzt wurde es doch dringend.

Eine erste ambulante Messung der nächtlichen Sauerstoffsättigung im Blut hat mein subjektives Empfinden leider bestätigt. Die Atmung reicht in liegender Position nicht mehr aus. Ich traue mich schon kaum noch, schlafen zu gehen. Meine Nächte sind nicht mehr erholsam, tagsüber bin ich ständig müde.

Aber das Schlimmste ist, dass ich so mutlos geworden bin. Wenn jetzt meine Atmung schon angegriffen ist, dann kann es wohl nicht mehr lange dauern. Denn genau das ist ja der tödliche Punkt bei ALS. Wie viel Zeit habe ich noch? Eine undefinierbare innere Stimme sagt mir: Vielleicht noch bis Mai? Ich weiß es nicht.

Zu Weihnachten war ich so niedergeschlagen; zu Silvester war es noch schlimmer. Sollte dies mein letztes Weihnachtsfest, mein letztes Silvester gewesen sein? Muss ich mich wirklich schon verabschieden? Ich fühle mich so allein, so ausgeliefert. Natürlich färbt das auch auf meine Familie ab – sie sind genauso verunsichert wie ich selbst.

Was soll ich beten? Immer wieder komme ich auf dieses eine Gebet zurück: *Dein Wille geschehe.*

Ich habe keine Zukunft mehr **Februar 2004**

Liebe Gisela,

nein, es ist nicht Angst, was ich empfinde, auch keine Wut und kein Zorn auf Gott. Ich fühle mich nur so »zukunftslos«, als ginge der Weg vor mir auf einmal nicht mehr weiter. Ich kann zwar noch ein Stückchen davon vor mir sehen, aber dann wird das Bild verschwommen, der feste Untergrund wird zum Nebel – ich kann nicht mehr darauf gehen.

Gestern habe ich eine Einladung bekommen. Im Oktober findet

ein großes Klassentreffen statt. Beim letzten Treffen dieser Art habe ich begeistert zugesagt – und gestern dachte ich, daran werde ich wohl diesmal nicht teilnehmen können. Im Oktober lebe ich bestimmt nicht mehr.

Ebenso geht es mir, wenn ich an den Sommer denke. Ich kann und will keinen Urlaub planen, diese paar Monate sind anscheinend schon so weit weg, scheinen kaum noch zu meinem Leben gehören zu können.

Überhaupt wäre dann auch ein neues Auto fällig, eines, in das ich nicht nur hinein- sondern auch wieder herauskomme – aber das lohnt sich doch alles gar nicht. Und in unserem Haus müsste langfristig einiges geändert werden. Doch auch hier denke ich, dass sich das nicht lohnt. Warum sollten wir einen solchen Aufwand treiben? Die paar Monate, die mir noch bleiben, brauche ich kein Auto und auch kein umgebautes Haus.

Das Einzige, was ich noch brauche, ist ein bisschen Mut ... und den Blick für die Zukunft Gottes. Warum ist es so schwer, Abschied zu nehmen?

Schlaflabor **März 2004**

Liebe Gisela,

nach drei Tagen (oder besser gesagt: Nächten) im Schlaflabor bin ich nun wieder zu Hause. Eine seltsame Einrichtung, solch ein »Schlaflabor«. Ich konnte mir anfangs gar nichts darunter vorstellen. Aber es ist nur halb so schlimm, wie es klingt – ein ganz normales Krankenhaus-Zimmer, tagsüber einige Untersuchungen, Laborwerte, Herz, Lungenfunktion etc. Und abends, zum Schlafen, wird man dann verkabelt. Von Kopf bis Fuß werden Elektroden und Sensoren am Körper befestigt, um alles zu messen, was messbar ist: von den Gehirnströmen über die Augenbewegungen bis hin zu möglicherweise zuckenden Beinen ... und für mich das Wichtigste natürlich:

die Sauerstoffsättigung im Blut. In der ersten Nacht wird nur gemessen. In der zweiten Nacht bekam ich dann probeweise ein Atemgerät mit Nasenmaske angepasst, und die Messprozedur wurde wiederholt. Und tatsächlich, trotz dieser Verkabelung konnte ich besser schlafen, und auch meine Messwerte waren besser. In der dritten Nacht wurde dann die Einstellung des Atemgeräts noch einmal optimiert.

Ich habe nun solch ein Atemgerät mit nach Hause bekommen, mit dem ich nachts über die Nasenmaske mit dem vom Arzt eingestellten Druck beatmet werde. Ich kann wieder schlafen! Aber alles hat seinen Preis – diese Nasenmaske muss natürlich eng sitzen, damit die Luft auch wirklich in meine Lunge kommt. Dazu wird die Maske mit zwei elastischen Bändern um den Kopf befestigt.

Morgens komme ich mir jetzt immer vor, als hätte ich mit dem Gesicht in einem Eimer voller Legosteine geschlafen ... und ungefähr so sehe ich auch aus, wenn ich dann die Atemmaske abnehme. Rund um die Nase habe ich Druckstellen, die Augen sind zugeschwollen – aber ich kann wenigstens atmen und schlafen.

Gestern, als ich die Atemmaske mal wieder auf der Nase hatte, musste ich an Adam denken: *»Da bildete Gott, der HERR, den Menschen aus Staub vom Erdboden und hauchte in seine Nase Atem des Lebens; so wurde der Mensch eine lebende Seele«* (1. Mose 2,7).

Nun, Gott braucht zweifellos kein Atemgerät, um einem Menschen den Atem des Lebens einzuhauchen. Aber ich darf dieses Atemgerät aus Gottes Hand nehmen und damit auch die Atemluft, die mir weiterhin das Leben ermöglicht. Und ist das nicht wunderbar? Das hebräische Wort, das an dieser Stelle mit »Atem« übersetzt wird, bedeutet gleichzeitig auch »Geist«: Der Geist Gottes erst gab Adam das Leben; und er ist so wichtig wie die Atemluft. Dieser Geist Gottes gibt auch mir das Leben, das ewige Leben. Erst jetzt kann ich ermessen, wie wichtig der Atem und der Geist Gottes für mein Leben sind!

Mir ist nun übrigens auch schon die Pflegestufe 2 bewilligt worden, denn viele Dinge des täglichen Lebens und der persönlichen Hygiene kann ich gar nicht mehr allein tun, denn ich brauche so viel

Hilfe. Ich war meinem Mann sehr dankbar, dass er mich ins Krankenhaus begleitet und auch größtenteils die Pflege dort übernommen hat. Es würde mir sehr schwerfallen, jemand Fremdes zu bitten, mich zur Toilette zu begleiten, beim Waschen und Anziehen zu helfen. Und das Krankenhauspersonal hat wohl auch gar keine Zeit dafür.

»Wie geht's uns denn heute?« April 2004

Liebe Gisela,

natürlich darfst du fragen, wie es mir geht – in letzter Zeit ist das ohnehin die Frage, die mir am häufigsten gestellt wird. Ich habe mir angewöhnt, eine dreiteilige Antwort zu geben, wenn sich jemand auf eine so lange Antwort einlassen will.

Also: erster Teil, mein *körperliches* Befinden. Wie fühlt man sich, wenn man allein völlig hilflos ist? Wenn man sich auf die Funktionen des eigenen Körpers nicht mehr verlassen kann, wenn man sich in seiner Hilflosigkeit körperlich wie ein Kleinkind vorkommt? Wenn man immer mehr spürt, dass auch die Atemmuskulatur rasant abbaut? Und wenn man sich dabei daran erinnert, dass noch vor kurzer Zeit alles anders war ... Nun, körperlich geht es mir schlecht. Allerdings habe ich keine Schmerzen, und auch die Sprech- und Schluckmuskulatur ist noch nicht angegriffen; für beides bin ich sehr dankbar. Wenn ich mein körperliches Befinden in Schulnoten ausdrücken wollte, wäre das vielleicht gerade noch eine knappe 4-.

Das *seelische* Befinden zu bestimmen ist viel schwieriger. Die vorherrschende Empfindung in seelischer Hinsicht ist Trauer: Trauer über alles das, was ich verloren habe. Wie oft gehen meine Gedanken spazieren und reiben sich dann wund an einem unüberschaubaren »Nie wieder!«, das mich von allen Seiten belagert. Zwar habe ich keine körperlichen Schmerzen zu ertragen, dafür aber seelische. Neben Trauer und Schmerz schleicht sich auch manches Mal die Angst ein. Was wird aus meiner Familie? Wie können unsere Kinder mit dieser Belastung fertig werden? Ich will ihnen das so gern ersparen. Und dann klopft noch eine andere Angst an: Vielleicht geht alles ganz schnell und plötzlich – ich bin doch noch gar nicht so weit! Wie geht eigentlich sterben?

Aber meine Seele gibt sich mit Trauer, Schmerz und Angst nicht zufrieden. Ich kenne nach wie vor so viel Freude und Spaß, Lachen und Singen. Und immer wieder kann ich trotz allem sagen: Das Leben ist schön! Ich wundere mich selbst darüber, aber mein seelisches Befinden benote ich mit 3+.

Und mein *geistlicher* Zustand? Ich kann mich nicht erinnern, dass ich mich jemals zuvor so tief geborgen gefühlt habe wie gerade jetzt. Nie zuvor war mir der Trost meines Herrn Jesus Christus so deutlich, noch nie habe ich mein Leben und Sein so vorbehaltlos in seine Hände legen können wie in dieser Zeit der Krankheit. Mein geistliches Leben kommt mir viel intensiver vor.

Und das alles ist nichts als ein Geschenk der Gnade, ein persönliches Geschenk meines Gottes, das ich leider kaum an meine Kinder und meine Umgebung weitergeben kann. Warum geht es mir geistlich so gut? Gott spricht immer wieder liebevoll in mein Leben hinein, z.B. Jesaja 41,10: *»Fürchte dich nicht, denn ich bin mit dir! Habe keine Angst, denn ich bin dein Gott! Ich stärke dich, ja, ich helfe dir, ja, ich halte dich mit der Rechten meiner Gerechtigkeit.«*

Da kann es mir doch, geistlich betrachtet, eigentlich nur glatt 1 gehen, oder? Und so geht es mir denn im Ganzen gut, denn Seele und vor allem Geist definieren letztlich mein Befinden, nicht mein Körper, wenn sich die körperlichen Probleme auch manchmal in den Vordergrund spielen.

Liebe Gisela, wie geht es eigentlich *dir*? Körperlich, seelisch und geistlich?

Liebe Gisela,

so ein Körper kann einen ganz schön beschäftigen. Früher dachte ich immer, nur alte Leute sprechen über ihre Krankheiten … aber ich spüre immer mehr, wie sehr mein kranker Körper meine Gedanken bestimmt, ganz zu schweigen von seiner Tyrannei über mein tägliches Leben.

Letzte Woche ist mir etwas Scheußliches passiert. Ganz früh morgens, um halb sechs, wachte ich auf. Ich schaffte es, allein aus dem Bett aufzustehen und langsam und vorsichtig zur Toilette zu gehen. Aber als ich gerade wieder in mein Bett kriechen wollte, knickte plötzlich mein Bein weg, die Muskulatur hat einfach kurzfristig ihren Dienst eingestellt. Und statt *im* Bett lag ich auf einmal mit einem schmerzenden Fußgelenk *neben* meinem Bett.

Nun kann ich natürlich gar nicht mehr allein gehen. Der Fuß ist zwar nur verstaucht und nicht gebrochen, aber ich bin noch sehr viel unsicherer auf den Beinen als vorher und gehe nur langsam und vorsichtig ein paar Meter, wenn mein Mann mich ganz fest hält.
Weil es für mich nun noch schwieriger wurde, mit meinem angeschlagenen Schließmuskel rechtzeitig zur Toilette zu kommen, habe ich vorübergehend einen Blasenkatheter bekommen. Schön ist das nicht, aber es hat tatsächlich praktische Vorteile.

Zu allem Überfluss habe ich nach diesem kleinen Sturz auch noch Ödeme in den Füßen entwickelt. Immer wieder schwellen die Füße an und sind zum Platzen voll mit Gewebswasser. Am besten schraube ich demnächst mal einen kleinen Wasserhahn an, damit das Wasser abfließen kann …

Liebe Gisela,

ich habe mich über deine Einladung sehr gefreut! Allerdings kann ich nicht spontan zusagen. Es gibt da im Vorfeld so unendlich vieles zu bedenken. Meine frühere Spontaneität ist völlig unbrauchbar geworden. Ich kann nicht mehr unternehmungslustig sein, denn der Alltag ist so bleischwer geworden. Nur mein Herz würde gern einfach alles so machen wie früher.

»Du darfst dich doch nicht einigeln!«, sagte neulich eine Bekannte ganz betroffen zu mir. Meine Zurückhaltung bei Einladungen und Unternehmungen ist für viele nur schwer nachvollziehbar. Ich will versuchen, sie ein bisschen zu erklären.

Wenn man ALS hat, ist man zwar schwer krank, todkrank sogar – man sieht aber nicht unbedingt krank aus! Zwar bin ich blasser als früher, weil ich nur selten draußen bin. Außerdem habe ich einige kleine Druckstellen im Gesicht von der Atemmaske, aber ansonsten, wenn ich einfach nur irgendwo sitze, wirke ich nicht krank. Ich kann noch reden, beten, singen, lachen ganz wie früher. Die Situation kommt mir manchmal vor wie zu Beginn einer Schwangerschaft: Man weiß, dass man schwanger ist, hat vielleicht das winzige Kind schon bei der Ultraschalluntersuchung gesehen – aber man sieht und spürt noch nichts von diesem Wunder. Die Umgebung kann selbstverständlich ebenso wenig etwas von der Schwangerschaft bemerken.

In meiner Krankheit fühle ich mich ganz ähnlich, auch wenn manches mittlerweile schon deutlich wird. Jeder bemerkt den Rollstuhl, manche bemerken die gelähmten Hände, aber nur wenige machen sich klar, wie der Alltag damit aussieht. Die Last der Realität holt mich immer schnell ein. Treppen – und sei es nur eine Stufe – sind für mich zum unüberwindlichen Hindernis geworden. Dann sind Rampen oder starke Helfer gefragt. Toiletten kann ich nur benutzen, wenn sie stufenlos zu erreichen und groß genug für zwei Personen sind (mein Mann muss immer dabei sein) und wir die Toilettensitzerhöhung dabei haben, da ich ansonsten auch mit Hilfe nicht mehr aufstehen kann.

Kannst du dir vorstellen, welch ein gedanklicher und organisatorischer Aufwand z.B. einem Besuch bei Freunden oder in einem Restaurant vorausgeht? Für eine längere Fahrt mit Übernachtung muss man natürlich noch viel mehr bedenken. Ist das Bett zum Aufstehen irgendwie zu erhöhen? Ist das Badezimmer groß genug für zwei Personen und einen Duschrollstuhl? Ist die Dusche schwellenlos zu erreichen? Sind die Türen breit genug? Und traue ich mir eine längere Fahrt zu? Auch einfach nur dasitzen ist schon anstrengend für die Muskulatur.

Vielleicht hast du jetzt eine Vorstellung davon, warum ich oft am liebsten zu Hause bleibe. Das Leben ist so mühsam geworden, früher unbedeutende Kleinigkeiten können nun zu unüberwindlichen Hindernissen werden. Früher war mir nichts zu viel, ich hatte für fast alles Energie genug. Heute jedoch muss ich mich immer fragen: Lohnt sich der Aufwand – die körperliche Anstrengung und die gedanklichen Kopfstände?

Aber ich will mich gewiss nicht einigeln! Deshalb freue ich mich, dass viele Menschen einfach zu mir kommen.

Wann kommst du zu mir, Gisela?

Alte Freunde – neue Freunde **Juli 2004**

Liebe Gisela,

> *»Ich hebe meine Augen auf zu den Bergen. Woher wird meine Hilfe kommen? Meine Hilfe kommt vom HERRN, der Himmel und Erde gemacht hat«* (Psalm 121,1-2).

Ständig spüre ich es: Meine Hilfe kommt wirklich von Gott. Und er schickt mir immer wieder »seine Leute«. Deutlich ist jetzt zu erkennen, welche freundschaftlichen Beziehungen tragfähig sind, aber ich merke ebenso, welche Beziehungen diese Belastung nicht verkraftet haben.

Familie und Verwandtschaft haben einen neuen Stellenwert bekommen. Ich weiß mich von allen Seiten umsorgt und freue mich über vielfältige praktische Hilfe. Einige Freunde, Nachbarn und Bekannte zeigen mir, dass sie bereit sind, sich gedanklich und tatkräftig mit meiner Situation auseinanderzusetzen und bieten mir Unterstützung an.

Besonders wertvoll sind für mich das intensive Gebet und die kreative Hilfsbereitschaft der Mitchristen aus meiner neuen Gemeinde. Vor einiger Zeit haben wir ja die Gemeinde wechseln müssen, ich habe dir sicher davon geschrieben. Die Gemeinderäume unserer früheren Gemeinde liegen in der ersten Etage und sind nur über eine lange Treppe zu erreichen – ein unüberwindliches Hindernis für mich. Wir sind sehr froh und dankbar, dass wir eine neue geistliche Heimat gefunden haben.

Zu manchen »alten Freunden« sind durch meine Krankheit die Beziehungen neu aufgelebt oder haben sich intensiviert. Eine ganze Anzahl »neuer Freunde« ist dazugekommen, die mich vor meiner Krankheit gar nicht kannten. Als ich noch gesund war, hatte ich wohl auch gar nicht die Gelegenheit, so viele Beziehungen zu pflegen.

Liebe Gisela, die Beobachtung, die du in deinem letzten Brief im Hinblick auf deine krebskranke Tante geschildert hast, habe ich auch schon einige Male gemacht. Für manche Menschen scheint es sehr schwer zu sein, mit Krankheiten anderer umzugehen. Mir ging es übrigens früher nicht anders. Und jetzt fragst du ausgerechnet mich nach meinem Rat.

Eine schwere Krankheit, eine deutliche Behinderung, das verunsichert einfach fast jeden. Man weiß ja nie, wie der Betroffene damit umgeht. Empfindet er sich vielleicht selbst als peinlich? Ist er vielleicht durch seine Krankheit selbst verunsichert? Ist er voller Trauer, möchte er über seine Krankheit weder reden noch nachdenken? Oder will er, ganz im Gegenteil, von gar nichts anderem sprechen; kreist unentwegt um seine eigene Krankheit, beobachtet ständig sein eigenes Befinden? Als Außenstehender, nicht Betroffener, weiß man oft wirklich nicht, wie man auf einen solchen Menschen zugehen soll.

Ich will einmal versuchen, aus meiner Sicht zu schildern, wie ich das Verhalten anderer mir gegenüber empfinde. Es gibt manche Menschen, die meinen es zwar sehr gut mit mir, aber ich finde es trotzdem anstrengend, mit ihnen umzugehen.

Da ist zum Beispiel Ricarda. Jedes Mal, wenn sie mich sieht, macht sie ein außerordentlich mitleidiges Gesicht – ich komme mir dann immer vor, als ob ich schon fast im Sarg läge. Aber ich lebe doch noch – oder?

Annie ruft ab und zu einmal an, um mich zu »trösten«, wie sie sagt. Und dann legt sie los. Sie fragt kurz nach meinem Befinden und erzählt mir dann von ganz vielen anderen Leuten, die ich zwar alle nicht kenne, denen es aber noch viel schlechter geht als mir. Die meisten sind übrigens schon gestorben, meistens unter tragischen Umständen in jungen Jahren. Es ist nicht einfach, mit Annie über irgendetwas anderes zu sprechen.

Das genaue Gegenteil davon ist Carola, eine ehemalige Krankenschwester. Sie weigert sich beharrlich, in irgendeiner Weise mit mir über meine Krankheit zu reden. Dabei kennt sie sich eigentlich damit aus, und ich würde sie manchmal gerne nach ihren persönlichen Erfahrungen fragen.

Am schwierigsten ist das Gespräch mit Menschen, die stereotyp immer wieder die gleichen Fragen stellen. Lisa ist die große Spezialistin dafür. Hast du Schmerzen? Nimmst du Medikamente? Was sagt denn dein Arzt? Auf die immergleichen Fragen gebe ich die immergleichen Antworten – aber ein wirkliches Gespräch entwickelt sich daraus kaum.

Natürlich weiß ich, dass Menschen wie Ricarda, Annie, Carola und Lisa im Grunde verunsichert sind und nicht wissen, wie sie mit dieser Krankheitssituation umgehen sollen. Dabei möchte ich eigentlich nur wie ein ganz normaler Mensch behandelt werden; meine Krankheit und meine Behinderung müssen dabei ja nicht immer im Vordergrund stehen.

Und es gibt eine Menge Menschen, die mich weiterhin einfach als

Person sehen. Das ist schön. Anke z. B. hat ihre Unsicherheit inzwischen einfach überwunden, sie kommt öfter zu Besuch, und so erlebt sie den Verlauf der Krankheit mit. Wenn man das Unbekannte kennenlernt, verliert es oft an Schrecken. Es entwickelt sich so ein ganz selbstverständlicher Umgang mit der Krankheit. Für Anke ist es mittlerweile normal geworden, kleinere Handgriffe in der Pflege für mich zu erledigen. Ähnliches habe ich auch bei meinen Kindern festgestellt. Je mehr sie in die Pflege mit eingebunden sind, umso leichter fällt ihnen der selbstverständliche und unbefangene Umgang mit mir.

Und mehr möchte ich ja auch gar nicht. Ich möchte weiterhin am liebsten mit jedem über alles sprechen können. Es gibt ja so viele verschiedene Gesprächsthemen. Meine Krankheit ist nur eines davon.

Die meisten Menschen können in dieser Hinsicht viel von Kindern lernen. Kleine Kinder fragen einfach: Was ist das für ein Beutel an deinem Rollstuhl? Wie kommt denn dein Pipi da rein? Warum hast du so ein komisches Ding auf dem Gesicht? Musst du sterben, wenn du da keine Luft mehr durch kriegst? Klare Fragen – klare Antworten. So ist die Sache wirklich am einfachsten.

Vielleicht haben es die Menschen am einfachsten mit mir, die mich nicht schon vor meiner Krankheit kannten. Für sie ist selbstverständlich, dass ich körperlich hilflos bin, im Rollstuhl sitze, nichts mehr allein erledigen kann.

Meine früheren Freunde haben es da schwerer. Sie haben noch ein ganz anderes Bild von mir im Kopf, und das passt nicht mehr auf die kranke Irmgard. Es ist wohl nicht leicht, sich immer wieder zu vergegenwärtigen, dass ich nach wie vor dieselbe Person bin – mit denselben krausen Ideen im Kopf, mit demselben Humor, mit denselben Fragen und Anmerkungen. Und leider auch mit denselben Schwächen.

Ich weiß nicht, ob dir meine Erfahrungen weiterhelfen im Umgang mit deiner kranken Tante. Ich muss sagen, auch mir selbst fällt es immer wieder schwer, mit kranken oder behinderten Menschen umzugehen. Neulich habe ich einen Vortrag gehalten, und dann wurde anschließend eine Frau im Rollstuhl zu mir gebracht, die kaum noch sprechen konnte. Ich war völlig hilflos, wusste nicht, wie ich reagieren sollte und hatte hinterher das Gefühl, dass ich nichts als dummes Zeug geredet hatte. Im Nachhinein habe ich erfahren, dass diese Frau auch ALS hat, und bei ihr ist, wie bei den meisten Patienten, die Sprache schon stark in Mitleidenschaft gezogen.

Ich habe mich sehr geschämt.

Barrierefrei **August 2004**

Liebe Gisela,

noch vor wenigen Monaten war ich so mutlos, aber seit ich das Atemgerät benutze, fühle ich mich nicht mehr so akut vom Tod bedroht. Und so habe ich dann doch wieder geplant.

In diesem Jahr sind wir noch einmal mit allen fünf Kindern in Urlaub gefahren – wohl zum letzten Mal mit allen zusammen, denn sie werden erwachsen! Unsere beiden Großen wohnen ja schon seit einer ganzen Weile nicht mehr zu Hause. Und bis auf den Jüngsten, der im Urlaub seinen zwölften Geburtstag gefeiert hat, sind sie alle keine Kinder mehr.

Diesmal waren wir weder in Dänemark noch in Südfrankreich. Unser neues Urlaubsziel war die holländische Nordseeküste. Und das hat einen praktischen Grund. Dort gibt es, gebaut und unterhalten vom holländischen Roten Kreuz, einige Ferienhäuser für Rollstuhlfahrer – »barrierefrei«, wie es immer so schön heißt. Die Häuser sind ohne Stufen zugänglich, haben extrabreite Türen, sogenannte Pflegebetten und ein behindertengerechtes Badezimmer. Außerdem kann man dort auch Hilfsmittel ausleihen, z. B. einen Duschrollstuhl. Für Menschen, die gar nicht mehr stehen können, gibt es auch Lifter. Das sind Geräte, mit denen man mit Hilfe eines Hebetuchs von einer Sitzgelegenheit in die andere bzw. ins Bett gehoben werden kann. Mein Mann und meine Kinder haben das Gerät einmal ausprobiert, und ich muss gestehen, mir wurde Angst und Bange dabei. Ich bin zwar immer schon abenteuerlustig gewesen, aber solche »Flugreisen« gehören bestimmt nicht zu meinen unerfüllten Wünschen. Glücklicherweise brauche ich ja noch keinen Lifter.

Was ich allerdings inzwischen dauerhaft brauche, ist ein Blasenkatheter. Zwar ist die Blase an sich noch völlig in Ordnung und funktionsfähig, doch das Aufstehen und Gehen ist so schwierig geworden, dass der Katheter trotz allem eine Erleichterung darstellt.

Nun waren wir also wieder am Meer – doch das Wasser war für mich unerreichbar. Man kann einen Rollstuhl nicht über den Sand schieben. Und ich kann nun definitiv nicht mehr als drei, vier Schritte gehen. Mit großer Wehmut und einigen Tränen habe ich mein geliebtes Meer von ferne betrachtet ... immerhin kann ich es noch sehen, hören, riechen. Und die gigantische Schöpfung Gottes beeindruckt mich immer noch.

Was kommt denn noch alles? September 2004

Liebe Gisela,

schon wieder gibt es Neues zu berichten, mein Leben wird immer krasser zugestellt mit Hilfsmitteln. Meine neueste Errungenschaft ist nun ein Duschrollstuhl. Es war für mich in den letzten Wochen quasi unmöglich geworden, von meinem stabilen Duschstuhl aufzustehen, einen Höhenunterschied von sanft ansteigenden drei Zentimetern zu überwinden und zwei Schritte und eine Wendung auf dem nassen Badezimmerfußboden zu absolvieren. Ich kann auch nicht mehr länger als einige Sekunden mit Unterstützung stehen. Nun habe ich also einen Duschrollstuhl, in dem ich einfach sitzen bleiben kann, bis ich abgetrocknet bin.

Mein Atemgerät benutze ich mittlerweile auch zunehmend tagsüber. Da einfaches Sitzen für mich auch schon sehr anstrengend geworden ist, verbringe ich meine Nachmittage inzwischen überwiegend halb liegend im Aufsteh-Sessel. Und in dieser leicht zurückgelehnten Haltung ist der Luftdruck auf meinem Brustkorb schon so groß, dass die Atmung deutlich mühsam wird. So lasse ich mich denn auch tagsüber stundenweise beatmen – das entlastet die angegriffene Atemmuskulatur, die sich während der Beatmungsphasen wieder etwas erholen kann.

Inzwischen ist mir auch Pflegestufe 3 zuerkannt worden. Ja, ich bin in vielen Dingen des täglichen Lebens so hilflos geworden. Immerzu muss irgendjemand Dinge für mich erledigen, die ich nicht mehr selbst tun kann.

Und ich habe Angst – was kommt denn da noch alles? Wie hilflos kann man werden? Im Lauf des vergangenen Jahres hat sich so viel verändert, verschlechtert. Wenn die Krankheit in diesem Tempo weiter fortschreitet, dann kann ich mir bald ausrechnen, wie lange ich noch lebe. Oder wie lange es noch dauert, bis ich völlig in meinem Körper eingesperrt bin. Manchmal bin ich so mutlos, kann mir nicht vorstellen, wie es weitergehen soll.

Das Atemgerät ist für mich lebenswichtig geworden – letztes Jahr ging es noch ohne. Und wenn der Strom ausfällt? Ich kann nur noch wenige Schritte gehen – letztes Jahr bin ich im Urlaub noch durch Nimes gelaufen. Ich habe einen Blasenkatheter – letztes Jahr konnte ich wenigstens noch zur Toilette gehen. Essen kann ich nur noch mit meinem Spezialbesteck mit Griffverdickung, und auch das nur noch mühsam – letztes Jahr ging das noch »normal«. Duschen kann ich gar nicht mehr allein und nur noch im Sitzen – letztes Jahr konnte ich dabei stehen und auch einige Dinge noch allein erledigen. Allein aufstehen, aus Bett, Rollstuhl oder Sessel ist gar nicht mehr möglich, immer brauche ich Hilfe – letztes Jahr war ich in dieser Hinsicht noch viel unabhängiger.

Ich fühle mich manchmal wie Jakob am Jabbok: *»Ich lass dich nicht los, wenn du mich nicht vorher segnest!«* (1. Mose 32,27; NeÜ). Ich weiß, dass Gott mich nicht verlässt, und ich weiß auch, dass ich nie von Gott lassen kann. Was auch passiert, er ist mein Gott.

Immer noch bin ich manchmal recht mutlos. Aber so ganz schwarz wie noch vor einigen Monaten sehe ich nicht mehr. Gott hat mir wieder eine Handvoll Mut zur Zukunft gegeben. Und auch wenn ich immer noch manchmal das Gefühl habe, dass es sich vielleicht gar nicht mehr lohnt, haben wir uns ein neues Auto zugelegt, einen Transporter mit Hebebühne, in den ich mitsamt meinem Rollstuhl einfach so hineinfahren kann. So kann ich auch weiterhin im Auto mitfahren, und ich muss gestehen, dass ich es genieße.

Hiob, mein Bruder **Oktober 2004**

Liebe Gisela,

ich habe von Hiob gelesen, und in mancherlei Hinsicht fühle ich mich inzwischen stark mit ihm verbunden.

So viel hat Gott Hiob anvertraut: eine große Familie, Besitz, Gesundheit – alles, was ein Mensch sich wünschen kann. Wie vorbildlich reagiert er, als die ersten »Schicksalsschläge« ihn treffen: *»Jahwe hat gegeben und er hat es wieder genommen. Gelobt sei der Name Jahwes!«* (Hiob 1,21b; NeÜ).
Und dann wird Hiob krank, er leidet entsetzlich. Wieder kann ich nur staunen, wie er mit dieser Situation umgeht. Selbst seine eigene Ehefrau hetzt ihn gegen Gott auf, und er ist dennoch ganz ruhig: *»Das Gute nehmen wir von Gott an, sollten wir da nicht auch das Böse annehmen?«* (Hiob 2,10; NeÜ). Hiobs tiefes Gottvertrauen ist ein großes Vorbild für mich.

Doch auch Hiob ist nur ein Mensch, ein schwacher Mensch. Das dritte Kapitel im Buch Hiob ist ein einziger Schmerzenschrei – Hiob ist am Ende. Wie gut kann ich ihn verstehen! Die endlosen Gespräche mit seinen drei Freunden drehen sich immer wieder im Kreis, und Hiob ertrinkt langsam in seinem Unglück. Das Selbstmitleid hat ihn voll erwischt. Er versteht Gott nicht mehr, und er will ihn auch gar nicht mehr verstehen. Alle seine abgeklärten und frommen Worte scheinen vergessen zu sein. Resignation macht sich breit – und Hiob beginnt Gott Vorwürfe zu machen.

»Am liebsten würde ich erhängt! Lieber sterben, als noch länger in diesem elenden Körper leben! Ich gebe auf! So will ich nicht mehr weiterleben! Lass mich in Ruhe, denn mein Leben hat keinen Sinn mehr! Gott, warum nimmst du einen Menschen so ernst? Warum beachtest du ihn überhaupt? Jeden Morgen verlangst du Rechenschaft von ihm; du beobachtest ihn jeden Augenblick. Wie lange schaust du mich noch prüfend an? Du lässt mich keinen Augenblick in Ruhe!« (Hiob 7,15-19).

Und Hiob hatte doch immer gedacht, er sei eigentlich ein ganz guter Mensch und Gott könne mit ihm zufrieden sein. Seine Freunde verstehen ihn nicht, und er versteht seine Freunde ebenso wenig. Sie reden aneinander vorbei, beginnen sogar, über Hiobs Unglück zu streiten. Eigentlich sind sie gekommen, um ihn zu trösten, doch das ist gründlich misslungen.

Hiob sitzt fest in seinem Selbstmitleid, in seinem vermeintlichen Unverstandensein, hält sein schreckliches Unglück für eine Strafe Gottes und weiß doch nicht, wofür er bestraft werden sollte. Von allen Seiten fühlte er sich ungerecht behandelt und missverstanden, sowohl von Gott als auch von seinen Freunden. Allein kommt er aus diesem Loch der Depressionen nicht heraus.

Doch eines vergisst Hiob nicht: Eines Tages wird seine Qual ein Ende haben, eines Tages wird er Gott mit seinen eigenen Augen sehen. Diese Zuversicht kann ihm niemand nehmen.

»Doch ich weiß: Mein Erlöser lebt; und als der Letzte wird er über dem Staub stehen. Und nachdem man meine Haut so zerschunden hat, werde ich doch aus meinem Fleisch Gott schauen. Ja, ich werde ihn für mich sehen, und meine Augen werden ihn sehen, aber nicht als Fremden« (Hiob 19,25-27a).

Diesen Vers aus dem Buch Hiob liebe ich sehr. Ich finde darin so viel Trost und Hoffnung, und immer wieder, wenn mich die quälende Realität herunterziehen will, kann ich sagen oder singen: *Ich weiß, dass mein Erlöser lebt*! In dem Oratorium »Der Messias« von Händel sind diese Verse wunderbar vertont. Wenn scheinbar nichts mehr hilft, wenn ich noch nicht einmal mehr beten kann, dann höre ich diese Arie an, und ich spüre, wie Gott dadurch zu mir spricht. Ob auch Hiob selbst so viel Trost in diesem Gedanken fand?

Und nach vielen Reden und Gegenreden von Hiob und seinen Freunden schaltet sich schließlich Gott persönlich ein. Jetzt wird endlich das Gleichgewicht wiederhergestellt. Gott ist der allmächtige, aber auch der weise, liebende und gnädige Gott. Wie froh bin ich, dass Gott auch in mein Leben persönlich hinein spricht!

Ja, Hiob, mein Bruder ... wir haben so manches gemeinsam. Und auch mich lässt Gott nie los. Vielleicht musste ich nur deshalb krank werden, um Gott endlich persönlich kennenzulernen.

»Ich habe erkannt, dass du alles vermagst und kein Plan für dich unausführbar ist. ... Vom Hörensagen hatte ich von dir gehört, jetzt aber hat mein Auge dich gesehen« (Hiob 42,1.5).

Alltag im Ausnahmezustand — November 2004

Liebe Gisela,

wie Recht du hast! Mein Alltag ist so zähflüssig geworden, für mich und meine Familie ist es kaum noch vorstellbar, was ein normales Alltagsleben ist. Aber wie sollst du dir das vorstellen können? Ich werde dir einfach einmal schildern, wie mein Tagesablauf inzwischen so aussieht.

Für mich ist es erschreckend, wie eintönig mein Leben geworden ist. Früher war es bunt und prall gefüllt mit den unterschiedlichsten Dingen von morgens bis abends. Jetzt lebe ich auf einmal sehr viel gemächlicher. Und auch sehr viel häuslicher ...

Morgens, wenn die Kinder aus dem Haus sind, hilft mir mein Mann beim Aufstehen, Waschen, Anziehen etc. Leider ist das inzwischen so aufwändig, dass wir es nicht mehr schaffen, zusammen mit den Kindern zu frühstücken. Nun versorgt mein Mann sie morgens allein.

Bis vor Kurzem bin ich zum Frühstück immer mit dem Treppenlift nach unten gefahren, das ist mir aber inzwischen zu anstrengend geworden. Nicht das Fahren selbst, aber das Umsetzen von der einen in die andere Sitzgelegenheit. Deshalb bringt mein Mann mir nun morgens eine Tasse Tee und ein Butterbrot in mein Büro. Wenn ich dann versorgt bin und er zur Arbeit geht, kommt unsere Haushaltshilfe für drei Stunden. Sie erledigt das Nötigste im Haushalt und kocht mittlerweile auch regelmäßig das Mittagessen.

Bis ca. 13.30 Uhr sitze ich täglich in meinem Büro. Weil ich aus meinem Rollstuhl allein nicht mehr aufstehen kann, habe ich mir einen Spezial-Bürostuhl besorgt. Er hat einen elektrischen Hubsitz, das heißt, die Sitzfläche kann so hoch gestellt werden, dass ich ohne weitere Hilfe zum Stehen kommen kann. Außerdem hat der Stuhl Rollen, mit denen ich mich bis zum Badezimmer fortbewegen kann. Im größten Notfall kann ich so noch zur Toilette kommen, denn leider passt sich meine Verdauung nicht immer den Arbeitszeiten meines Mannes an. Aber das ist schon eine sehr unsichere Sache geworden; ich traue mich eigentlich nicht mehr, ganz allein aufzustehen.

Ich erledige vormittags Organisatorisches und Schreibkram, kaufe elektronisch ein, übersetze oder schreibe an aktuellen Bibelarbeiten oder Artikeln – aber alles ganz langsam, weil es so mühsam und anstrengend ist: das Sitzen, oft schmerzhaft durch den Dauerkatheter, das Tippen mit einem widerspenstigen Finger. Vormittags kann ich auch noch relativ leicht telefonieren. Nachmittags, mit der Atemmaske, funktioniert das nicht mehr besonders gut.

Mittags brauche ich dann einen starken Helfer zum Umsetzen, um über den Treppenlift ins Erdgeschoss zu kommen. Nach dem Mittagessen bin ich in der Regel sehr froh, wenn ich mich im Wohnzimmer im Sessel entspannt hinlegen kann. Dazu brauche ich allerdings, ebenso wie zum Schlafen, immer mein Atemgerät. So verbringe ich also den Nachmittag zwangsläufig ausschließlich mit Lesen, wenn ich nicht gerade Besuch bekomme. Weil ich kein Buch mehr festhalten kann, habe ich jetzt ein sogenanntes Blattwendegerät. Darin kann man ein Buch einspannen, und durch eine pfiffige Technik blättert das Gerät die Seiten um, wenn ich einen kleinen Impuls gebe.

In diesem Sessel muss ich dann bis zum Abend bleiben, da ich trotz der eingebauten »Aufstehhilfe« inzwischen zwei Hilfspersonen zum Umsetzen brauche. Meine Beine sind so schwach geworden, dass ich nicht selbständig aufstehen und auch nicht mehr gehen kann, nur Stehen mit Hilfe ist noch kurzzeitig möglich, aber auch schon eine ziemlich wacklige Angelegenheit.

Mehr als acht Monaten warte ich auf einen Elektro-Rollstuhl, der mir den Alltag etwas erleichtern würde. Leider hat sich das Verfahren durch diverse Bearbeitungsfehler so lange hingezogen. Und dann bleibt immer noch das »Problem Treppe«. Auch mit dem Treppenlift komme ich wahrscheinlich nicht mehr lange zurecht.

Ich empfinde es als sehr bedrückend, dass ich so gut wie gar nicht mehr aus dem Haus komme. Die Fahrt sonntags zur Gemeinde ist dann auch schon alles. Ansonsten spielt sich alles in meinem Wohnzimmer ab. Aber spontane Begegnungen in der Nachbarschaft, ein kleiner Plausch beim Bäcker, ein Einkaufsbummel oder auch nur ein Spaziergang ... wie lange schon ist mir das unmöglich. Ich komme mir oft vor wie eingesperrt. Wenn ich doch nur wieder nach draußen käme, Leute treffen würde, einfach mal etwas anderes sehen könnte!

Aber nicht alles ist problematisch. Gott beschenkt mich auch so reichlich! Regelmäßig alle zwei Wochen treffen sich einige Frauen aus unserer Gemeinde bei mir, darüber freue ich mich immer besonders. Wir lesen dann gemeinsam in der Bibel, tauschen uns aus und beten zusammen. Sonntags schaffe ich es auch noch fast jede Woche, mit zur Gemeinde zu fahren. Hallelujah! Immer wieder merke ich, wie sehr ich bei unserem wunderbaren Herrn geborgen bin.

Und immer wieder habe ich das Bild des guten Hirten vor Augen. Früher konnte ich selbstständig in der Herde mitlaufen, mich sogar ein bisschen um die Lämmer kümmern. Jetzt trägt mich der Herr Jesus ständig in seinen starken Armen. Manchmal fällt es mir schwer, das zu genießen. Dann will ich strampeln, herunterspringen, lieber allein über das weiche grüne Gras laufen. Aber das kann ich nicht mehr, und Jesus hält mich liebevoll fest.

> *»Der HERR ist mein Hirte, mir wird nichts mangeln.*
> *Er lagert mich auf grünen Auen, er führt mich zu stillen Wassern.*
> *Auch wenn ich wandere im Tal des Todesschattens, fürchte ich kein Unheil, denn du bist bei mir; dein Stecken und dein Stab, sie trösten mich.«* (Psalm 23,1-2.4).

Liebe Gisela, weißt du, was mir neulich aufgefallen ist? Seit der Diagnose sind nun schon drei Jahre vergangen und die gefürchteten Lähmungen in Armen und Beinen, der Rückgang der Atemmuskulatur sind für mich zur bitteren Realität geworden. Aber ich kann noch sprechen und schlucken. Das ist ein wirkliches Wunder in diesem fortgeschrittenen Krankheitsstadium! Warum ist es mir erst jetzt aufgefallen, dass Gott tatsächlich viele Gebete erhört und dieses Wunder an mir getan hat?!

Und noch etwas anderes habe ich letzte Woche staunend bemerkt. Das lange angekündigte Klassentreffen hat inzwischen stattgefunden – und ich lebe noch! Meine Situation ist immer noch längst nicht so bedrohlich, wie ich vor einigen Monaten noch befürchtet habe! Ja, mein Gott hält mich und trägt mich, auch wenn ich manchmal gar nichts davon bemerke!

Mut zur Demut — Januar 2005

Liebe Gisela,

wenn das Jammern doch helfen würde! Manchmal gehen mir die vielen kleinen körperlichen Einschränkungen doch sehr gegen den Strich – ist das alles nicht unter meiner Würde?! Es ist immer wieder das Gleiche. Heftiger Durchfall macht mir alle paar Wochen auf drastische Weise meine Hilflosigkeit und Abhängigkeit klar. Ganz ähnlich ist es mit meiner Monatsblutung. Dabei habe ich Hilfe und Unterstützung durch einen ambulanten Pflegedienst, der notfalls zweimal täglich kommt.

Aber letzte Woche hatte ich Schnupfen. Wie harmlos und alltäglich sich das anhört, und doch war es für mich eine kleine Katastrophe. Allein kann ich mir nicht mehr die Nase putzen, und wenn ich die Atemmaske trage, was sich ja auch nicht vermeiden lässt, dann läuft sie innerhalb kurzer Zeit voll. Manchmal hatte ich fast das Gefühl, in meiner Maske zu ertrinken! Immer und immer wieder musste mir jemand die Maske ausziehen, die Nase putzen, die Maske auswischen, sie wieder anlegen. Und dieser Jemand war natürlich meist eines meiner Kinder.

Ich habe übrigens schon wieder neue technische Hilfsmittel bekommen: eine Spezial-Matratze und ein sogenanntes Pflegebett, damit ich nicht wund liege, da ich mich ja auch im Bett nicht mehr umdrehen und meine Lage nur noch minimal selbst verändern kann. Wegen dieser Matratze mussten wir nun auch unser französisches Bett weggeben – auch das war für mich ein schwerer Schritt.
Wie viele kleine Abschiede es doch immer wieder gibt! Geht es jetzt doch nur noch mit Riesenschritten bergab? Mehr und mehr klammere ich mich an Gottes Verheißungen: *»Ich fürchte kein Unheil, denn du bist bei mir!«* Wohin sonst sollte ich gehen?

Anscheinend bin ich sehr vergesslich. Immer und immer wieder brauche ich den göttlichen Unterricht im Fach Demut. Etwas nicht selbst tun zu können, sondern die Hilflosigkeit in Demut zu ertragen – das ist vielleicht das Klassenziel Gottes mit mir in diesem Jahr. Ich will mich immer mehr an meinem Vorbild Jesus Christus orientieren, und dann ist es auf einmal gar nicht mehr so schwer.

> *»Kommt her zu mir, alle ihr Mühseligen und Beladenen! Und ich werde euch Ruhe geben. Nehmt auf euch mein Joch, und lernt von mir! Denn ich bin sanftmütig und von Herzen demütig, und ihr werdet Ruhe finden für eure Seelen; denn mein Joch ist sanft, und meine Last ist leicht«* (Matthäus 11,28-30).

Ich mache wieder Pläne! Februar 2005

Liebe Gisela,

die Zeit der Resignation geht langsam vorbei. Ich mache wieder Pläne! Ganz vorsichtig und zögernd habe ich im Herbst schon damit begonnen und Blumenzwiebeln für das Frühjahr einpflanzen lassen, ohne dabei zu denken: Das erlebst du sowieso nicht mehr.

Und stell dir vor, gestern habe ich tatsächlich den Sommerurlaub gebucht, zwar noch ein bisschen zweifelnd, aber eigentlich schon ganz zuversichtlich. Ich gehe jetzt einfach davon aus, dass ich den Sommer noch erlebe und sogar noch wegfahren kann. Ist das anmaßend?

Sogar bis in den Herbst hinein plane ich. Unsere älteste (Pflege-) Tochter will im Oktober heiraten, und warum sollte ich mich eigentlich nicht beim Programm beteiligen!? Natürlich weiß ich nicht, wie es mir bis dahin geht, ein paar Monate sind für mich nun eine lange Zeit geworden. Aber dennoch, jetzt lebe ich, und ich freue mich daran. Das Leben geht weiter – und das Leben ist schön!

Berufsunfähig – kra, kra April 2005

Liebe Gisela,

hurra, endlich Schulferien! Zwar fahren wir nicht in Urlaub, doch ich freue mich schon sehr darauf, mit den Kindern einiges zu unternehmen.

Wir sitzen zusammen und überlegen: Was könnten wir alles machen? Vielleicht einen ganzen Tag ins Schwimmbad, oder noch einmal einen Ausflug in den Zoo, mal wieder ausgiebig in der Bücherei stöbern. Neulich habe ich von einer interessanten Ausstellung gelesen.

Und außerdem steht natürlich auf dem Programm: gemütlich frühstücken, mal zusammen etwas Besonderes kochen, eines unserer geliebten langwierigen Brettspiele spielen, einfach das Zusammensein genießen. So war das früher. Früher, als ich noch meinen Beruf als Mutter ausüben konnte. Früher hing in meiner Küche ein Schild:

Firma Mama GmbH
kalte und warme Speisen
sämtliche Reinigungsarbeiten
Beratung in Beziehungs-, Schul- und Erziehungsfragen
Serviceleistungen aller Art
Geschäftszeiten: 24 Stunden täglich!

Auch der normale Alltag hatte so seine Reize. Ja, ich habe es geliebt und genossen, dieses »Dienstleistungsunternehmen« zu führen.

Immer wieder springe ich gedanklich von der Gegenwart zur Vergangenheit. Denn die Gegenwart sieht natürlich ganz anders aus. Keine Unternehmungen, keine gemeinsamen Ausflüge, noch nicht einmal das unbeschwerte Zusammensein allein als Familie.

Wenn die Mutter berufsunfähig wird, dann wird sie zur »Rabenmutter«. Kra, Kra ...

Ja, natürlich hast du Recht.

Ja, natürlich darf ich mir keine Vorwürfe machen.

Ja, natürlich können die Kinder das verstehen.

Ja, natürlich haben sie ihre Mama auch jetzt noch lieb.

Und ja, natürlich weiß ich, dass es das Wichtigste ist, einfach noch da zu sein, zuhören zu können, und – wie wunderbar – noch mit den Kindern sprechen zu können.

Dennoch bleibt das Gefühl, eine Rabenmutter zu sein. Innerlich krächze ich vor mich hin. Kra, Kra ... denn ich genüge meinen eigenen Ansprüchen nicht mehr. Besonders krass empfinde ich das immer, wenn z. B. eines der Kinder krank wird. Ich kann nur hilflos dabeisitzen, ich kann das Kind nicht einmal in den Arm nehmen, geschweige denn, es in seinem Zimmer besuchen. Die Zimmer der Kinder liegen alle im Dachgeschoss, da komme ich mit meinem Rollstuhl nicht hin.

Auch wenn jemand Geburtstag hat, ist alles ganz anders als früher. Natürlich kann auch jemand anders einen Geburtstagskuchen backen, Blumen besorgen, Geschenke einpacken, kleine Familientraditionen aufrechterhalten. Aber ich kann es nicht mehr.

Liebe Gisela, warum verfalle ich bloß immer ins Jammern, statt mich zu freuen, wenn andere meine Aufgaben übernehmen? Auch wenn meine *Firma Mama GmbH* inzwischen aufgelöst wurde, so gibt es doch immer noch genügend Leute, die deren Aufgaben übernehmen. Und eines muss ich mir nicht nehmen lassen: den Bereich »Beratung«.

Hilfe, Hilfe! **Mai 2005**

Liebe Gisela,

eigentlich war es ja schon lange notwendig, aber leider gar nicht so einfach zu bekommen: eine Hilfe sowohl zur Pflege als auch für den Haushalt. Inzwischen haben wir mit Hilfe des ambulanten Pflegedienstes eine Möglichkeit gefunden: Nun habe ich jeden Tag sechs Stunden eine Pflegerin und Haushaltshilfe, von morgens 9:00 bis nachmittags 15:00 Uhr. Das hilft mir nun schon mal entschieden weiter. Allerdings ist unsere Privatsphäre als Familie natürlich ein Stückchen weiter eingeschränkt – das ist der Preis für die Sicherheit, Hilfe in Reichweite zu haben, zumindest bis zum Nachmittag. Aber nun sind die Kinder zumindest nicht mehr für alles zuständig.

Inzwischen kann ich gar nicht mehr allein stehen, deswegen habe ich nun auch so einen Lifter, von dem ich dir mal geschrieben hatte. Wenn ich nun beispielsweise im Rollstuhl sitze, dann wird ein sogenanntes Hebetuch so um mich herum geschlungen, dass ich damit in den Lifter eingehängt und hochgehoben werden kann. Mittlerweile habe ich mich an das merkwürdige Gefühl gewöhnt, mehrmals täglich in der Luft zu baumeln – was bleibt mir auch anderes übrig. Mit Hilfe dieses Lifters kann mich meine Helferin zum Beispiel auf den Toilettenstuhl heben, so bleibt das meinen Kindern (und auch mir!) nun endlich erspart.

Eine weitere Aufgabe meiner Helferin ist auch, mich zu füttern bzw. wie es im Pflegebereich heißt, mir »das Essen anzureichen«. Meine Hände sind zu schlaff geworden, die Arme zu schwach. Ich kann nicht mehr allein essen.

Außerdem war ich vor Kurzem noch einmal im Schlaflabor, denn mein Atemgerät musste nachgestellt werden. Der Beatmungsdruck reichte nicht mehr aus, um die Atmung zu entlasten. Ich benutze die Atemmaske inzwischen ungefähr 18 Stunden am Tag.

Wie dankbar bin ich, dass es all diese Hilfsmittel gibt. Wie dankbar bin ich vor allem, dass mir so viele Menschen immer wieder helfen. Und über alledem steht die Dankbarkeit meinem himmlischen Vater gegenüber, der mich hält und trägt und für mich sorgt! Die Dankbarkeit zieht mich immer wieder weg von Resignation und Selbstmitleid. Die Dankbarkeit zeigt mir alles Positive, alle Hilfe. Durch die Dankbarkeit fällt es nicht so schwer, auch Freude zu empfinden. Ich danke Gott, dass er mir auch die Dankbarkeit schenkt!

»Bekümmert euch nicht; denn die Freude am Herrn ist eure Stärke« (Nehemia 8,10).

Was, bitte schön, ist denn Intimsphäre? **September 2005**

Liebe Gisela,

schade, dass du nicht zu unserem großen Fest kommen konntest. Es war wirklich viel los, wir hatten etwas über 30 Gäste! Ich habe es sehr genossen, dass so viele gekommen waren, und wir haben bis spät in den Abend gefeiert. Erzählen, singen, lachen – ich habe meine Krankheit einfach vergessen können. Zumindest bis zu dem Moment, als ich plötzlich zur Toilette musste.

Da wurde es unversehens hektisch und ungemütlich. Es dauert einfach zu lange, bis ins Badezimmer zu gelangen, denn das kann ich nur mit mehrfachem Umsetzen und mit Hilfe des Treppenlifts bewerkstelligen. Aber so lange hält mein ebenfalls geschädigter Schließmuskel nicht aus. Also bleibt mir nichts anderes übrig, als alle Gäste schleunigst aus dem Wohnzimmer heraus zu komplimentieren. Nur da ist Platz genug, und nur da befindet sich eine Schiene meines Deckenlifters, und die brauche ich zum Umsetzen auf meinen Toilettenstuhl. Mein Mann beeilt sich sehr, alle benötigten Utensilien herbeizuschaffen, meine Gäste drängen sich in der Küche, alle warten. Und schließlich sollte anschließend auch noch gründlich gelüftet werden. Was hilft es, dass mir die ganze Sache unendlich peinlich ist? Was hilft es, dass mir jeder versichert: Das ist doch selbstverständlich! Für mich ist es ein großer Verlust.

Inzwischen erlebe ich den völligen Verlust meiner Intimsphäre als sehr schmerzlich. Nichts, aber auch gar nichts, scheint mehr privat zu sein, alles und jedes ist öffentlich geworden. Meine Umgebung scheint mir immer bestens informiert über Häufigkeit, Dauer und Art meiner Verdauung. Jeder scheint zu wissen, wann ich meine Tage habe. Ich werde aus dem Bett gehoben, ich werde gewaschen, auch an allen Stellen, die man am liebsten selbst wäscht, ich werde angezogen.

Was denkt man dabei? Bestenfalls denkt man gar nicht. Man kann sich mit der Pflegeperson unterhalten wie bei einem gemeinsamen Spaziergang und dabei einfach alle intimen Berührungen beim Waschen und Anziehen ignorieren. Manchmal, ja sogar meistens, funktioniert das sogar.

Aber an manchen Tagen, wenn z. B. meine Verdauung ein bisschen plötzlicher funktioniert als sie sollte, oder wenn ich unvermutet in einer menstruellen Blutlache sitze, dann geht der Eingriff in meine Intimsphäre natürlich erheblich weiter als üblich. Und mehr als einmal habe ich bei einer solchen Gelegenheit die Tränen nicht zurückhalten können. Ich fühle mich so entsetzlich hilflos, so ausgeliefert, ohne jede Möglichkeit, selbst etwas auszurichten. Ein grässliches Gefühl!

»Kein Mensch sucht sich so etwas aus.« Das habe ich schon oft in einem solchen Zusammenhang gehört, und ich habe es auch selbst schon oft gesagt. Aber es stimmt gar nicht. Ich denke an unseren Herrn Jesus: ER hat es sich ausgesucht, ER ist ganz freiwillig völlig hilflos geworden. ER hätte die Möglichkeit gehabt, selbst alles zu tun, was er wollte. Aber ER hat sich freiwillig den Menschen ausgeliefert, ER hat ihnen seinen Körper zu Misshandlungen überlassen. Als er am Kreuz verblutete, hat er alles preisgegeben. Nicht nur seine Intimsphäre, nein, sogar sein eigenes Leben!

Er hat es freiwillig getan – für mich.

> *»Er war verachtet und von den Menschen verlassen, ein Mann der Schmerzen und mit Leiden vertraut, wie einer, vor dem man das Gesicht verbirgt. Er war verachtet, und wir haben ihn nicht geachtet. Jedoch unsere Leiden – er hat sie getragen, und unsere Schmerzen – er hat sie auf sich geladen. Wir aber, wir hielten ihn für bestraft, von Gott geschlagen und niedergebeugt. Doch er war durchbohrt um unserer Vergehen willen, zerschlagen um unserer Sünden willen. Die Strafe lag auf ihm zu unserm Frieden, und durch seine Striemen ist uns Heilung geworden. Wir alle irrten umher wie Schafe, wir wandten uns jeder auf seinen eigenen Weg; aber der HERR ließ ihn treffen unser aller Schuld. Er wurde misshandelt, aber er beugte sich und tat seinen Mund nicht auf wie das Lamm, das zur Schlachtung geführt wird und wie ein Schaf, das stumm ist vor seinen Scherern; und er tat seinen Mund nicht auf«* (Jesaja 53,3-7).

Und ich kann nur versuchen, eine Winzigkeit dessen nachzuvollziehen, was es meinem Herrn und Heiland gekostet hat, mich zu erlösen*.

Liebe Gisela,

inzwischen lebe ich ja schon eine ganze Weile, vier Jahre nämlich, mit der Krankheit ALS, und inzwischen hat sich natürlich auch ein Alltag eingependelt. Ich habe es dir ja schon oft erzählt. In allem muss ich versorgt werden wie ein kleines Kind: schlafen und essen, waschen und anziehen, hinsetzen und umsetzen, zur Toilette gehen – ich kann nur noch alles an mir geschehen lassen.

Wenn die Ehefrau plötzlich nur noch ein Pflegefall ist, wenn in der Ehe nicht mehr ein gegenseitiges Geben und Nehmen herrschen kann – wer verwöhnt dann den Ehemann? Wenn ein inniger Kuss, eine zärtliche Umarmung nur noch ferne Erinnerungen sind, wenn die körperliche Schwäche und Not immer im Vordergrund stehen – wo bleibt dann die Ehe?

Ganz unwillkürlich fühlt sich oft derjenige, der mich versorgt, in die Rolle einer Mutter oder eines Vaters bei der Pflege eines Babys gedrängt. Am auffälligsten wird das, wenn eines meiner Kinder gefordert ist. Nicht immer ist mein Mann oder meine Pflegerin da, und manchmal muss es eben schnell gehen. Dann müssen auch die Kinder bereit sein, mir die Nase zu putzen oder mich notfalls auf die Toilette zu setzen. Lange Zeit habe ich mich innerlich dagegen gewehrt, doch irgendwann war es nicht mehr zu vermeiden.

Was für ein Bild haben die Kinder von mir? Was empfinde ich, wenn ich von meinen eigenen Kindern versorgt und verwöhnt werde? Wie viel lieber würde ich selbst meinen Ehemann und meine Kinder verwöhnen!

Doch diese Sache mit den vertauschten Rollen hat auch durchaus ihre witzige Seite. In der letzten Zeit habe ich durch verschiedene technische Hilfsmittel, zum Beispiel meinen Elektro-Rollstuhl, der nun endlich angekommen ist, die Möglichkeit, zumindest ab und zu ein wenig von meiner Selbstständigkeit zurückzuerobern. Und dabei habe ich eine ulkige Erfahrung gemacht. Ich nenne sie das

»Wachhund-Syndrom«. Sowohl mein Mann, als auch meine Kinder und meine Pflegerin zeigen dieses Syndrom. Sobald ich nicht mehr in Sicht bin, wenn ich z. B. in einem Geschäft herumfahre, werden meine Leute hektisch und suchen mich – so wie auch ich es getan habe, wenn mir eines meiner Kinder früher kurzfristig abhanden kam. Leicht amüsiert sage ich dann meistens: Ich bin schon groß, ich darf das!

Und ich genieße es außerordentlich, durch den Elektro-Rollstuhl wieder ein wenig mehr Selbstständigkeit zu haben. Ich kann wieder selbst bestimmen, in welche Richtung ich mich wenden und was ich ansehen möchte. Und langsam fange ich an, auch die Welt draußen, außerhalb meiner eigenen vier Wände, wieder zu entdecken. Leider ist es noch sehr schwierig, mit dem Elektro-Rollstuhl aus dem Haus zu kommen. Auch innerhalb des Hauses kann ich ihn nur im Erdgeschoss benutzen: Wohnzimmer, Küche und mit viel Geduld durch den Flur.

Und trotzdem, dieses kleine Stückchen Selbstständigkeit ist etwas Herrliches und Kostbares! Liebe Gisela, kannst du dir vorstellen, was in dieser Woche meine allerschönste Erfahrung war? Ich war mit meinem Elektro-Rollstuhl *ganz allein* in einem Geschäft und habe *ganz allein* ein Paar Schnürsenkel gekauft!

Abraham und ich — **Dezember 2005**

Liebe Gisela,

erinnerst du dich noch, du hast mich einmal gefragt, was ich wählen würde, wenn ich einen Wunsch frei hätte. Damals habe ich noch große Wünsche gehabt. Ich wollte am liebsten wieder gesund werden. Aber meine kleinen Wünsche von heute laufen wohl ganz unbemerkt auf dasselbe Ziel hinaus!

Ich habe noch so viel kleine, aber unerfüllbare Wünsche, die ich nicht loslassen will: Ich würde so gern noch einmal meinen Mann, meine Kinder in den Arm nehmen ... ich würde mich so gern einfach noch einmal gemütlich ins Bett legen, ohne Atemmaske, mich selbst zudecken und mich umdrehen, wann und wie ich will. Ich würde so gern noch einmal meine geliebten Jeans und Turnschuhe von früher tragen, ohne einen Gedanken daran zu verschwenden, ob die Kleidung vielleicht für die Körperpflege unpraktisch ist. Ich würde so gern noch einmal selbst kochen.

Ich habe mich vor Kurzem noch einmal intensiv mit dem Leben Abrahams beschäftigt, und ich will von Abraham lernen, einfach loszulassen und loszugehen. Einfach? So einfach wird das wohl auch für einen Abraham nicht gewesen sein.

> *»Und der HERR sprach zu Abram: Geh aus deinem Land und aus deiner Verwandtschaft und aus dem Haus deines Vaters in das Land, das ich dir zeigen werde! Und ich will dich zu einer großen Nation machen, und ich will dich segnen, und ich will deinen Namen groß machen, und du sollst ein Segen sein! Und ich will segnen, die dich segnen, und wer dir flucht, den werde ich verfluchen; und in dir sollen gesegnet werden alle Geschlechter der Erde! Und Abram ging hin, wie der HERR zu ihm geredet hatte, und Lot ging mit ihm. Abram aber war 75 Jahre alt, als er aus Haran zog. Und Abram nahm seine Frau Sarai und Lot, den Sohn seines Bruders, und all ihre Habe, die sie erworben, und die Leute, die sie in Haran gewonnen hatten, und sie zogen aus, um in das Land Kanaan zu gehen; und sie kamen in das Land Kanaan. Und Abram durchzog das Land bis zur Stätte von Sichem, bis zur Terebinthe More. Damals waren die Kanaaniter im Land. Und der HERR erschien dem Abram und sprach: Deinen Nachkommen will ich dieses Land geben. Und er baute dort dem HERRN, der ihm erschienen war, einen Altar. Und er brach von dort auf zu dem Gebirge östlich von Bethel und schlug sein Zelt auf, Bethel im Westen und Ai im Osten; und er baute dort dem HERRN einen Altar und rief den Namen des HERRN an. Dann brach Abram auf und zog immer weiter nach Süden«* (1. Mose 12,1-9).

Gott hat Abraham große Verheißungen gegeben, und er hat ihn mit seiner Liebe und Gnade auf dem langen Weg in das verheißene Land und zu dem verheißenen Erbe begleitet.

Ich bin kein Abraham, und ich bin gewiss nicht Träger solch großartiger Verheißungen, doch auch mich begleitet mein Herr und Gott mit seiner Liebe und Gnade auf meinem Weg mit der Krankheit. Denn ist es nicht eine große Gnade, eine so lange Vorbereitungszeit zu bekommen? Gott kann schließlich genauso jeden Menschen »plötzlich und unerwartet« zu sich rufen – ich begreife es als zusätzliche Chance, mich (und meine Umgebung) so intensiv auf die Begegnung mit Gott vorbereiten zu können. Immer wieder kann ich mein Leben getrost in seine Hände legen – mein guter Hirte Jesus Christus sorgt für mich.

Aber wer kennt das nicht? Lange Zeit kann man sich auf ein Ereignis vorbereiten, und dann ... da fällt mir mein letzter Zahnarztbesuch ein. Natürlich wusste ich, dass er unumgänglich ist, und ein leichtes Pochen im linken unteren Backenzahn erinnerte mich auch immer wieder daran. Aber als ich beim Zahnarzt anrief, war ich doch sehr erleichtert, dass er mir erst zwei Wochen später einen Termin anbieten konnte. Nur diese zwei Wochen vergingen erschreckend schnell! Und als der Tag da war, hätte ich am liebsten tausend Ausflüchte gebraucht, nur um nicht hingehen zu müssen! Menschen sind doch seltsam, oder? So geht es mir oft, wenn ich über Vergangenheit und Zukunft nachdenke. Kopf und Herz sind im Zwiespalt zwischen Himmel und Erde!

Ach, Abraham! Was hast du alles aufgeben, loslassen müssen! Du musstest Abschied nehmen von deiner gewohnten Umgebung, von deiner Verwandtschaft, von den Freunden, mit denen du dein ganzes bisheriges Leben verbracht hattest. Das wird wohl kaum deine eigene Idee gewesen sein. Nein, in der Bibel lese ich, dass du das alles nur getan hast, weil Gott es dir gesagt hat. Ein bewundernswerter Gehorsam!

Ach, Abraham! Wenn ich doch so loslassen könnte wie du! Es fällt mir so unendlich schwer, Abschied zu nehmen von meiner gewohnten Umgebung, von meiner Familie, von meinen Freunden.

Und es war – genau wie bei dir – auch nicht meine eigene Idee. Gott hat mich da vor eine gewaltige Aufgabe gestellt, die ich mir niemals selbst ausgesucht hätte.

Meine Reaktion auf Gottes Forderungen ist so häufig: Das kann ich nicht! Und im tiefsten Innersten meine ich damit: Das will ich nicht!

Mein Herr und mein Gott! Hilf mir doch, meinen Willen ganz in deinen zu legen, damit ich immer wieder von Herzen beten kann: Dein Wille geschehe.

Alles neu macht der Mai ... **Februar 2006**

Liebe Gisela,

heute muss ich dir etwas Wunderschönes erzählen. Wir haben beschlossen, unser Haus komplett umzubauen, sodass ich mich im Erdgeschoss und auch in der ersten Etage selbstständig mit dem Elektro-Rollstuhl fortbewegen kann. Außerdem soll der Weg nach draußen, sowohl auf die Terrasse als auch durch die Haustür auf die Straße, für mich geebnet werden. Ich freue mich riesig!

In der nächsten Woche geht es schon los, und der ganze Umbau wird sich dann fast drei Monate hinziehen, denn irgendwo in dem ganzen Chaos muss ich jederzeit ein erreichbares Bett und Badezimmer haben. In den letzten Wochen habe ich mich sehr viel mit der Detailplanung beschäftigt, Handwerker angerufen, Kostenvoranschläge eingeholt, Termine abgeglichen.

Der Plan sieht nun folgendermaßen aus: Dreh-und Angelpunkt des ganzen Projektes ist ein Aufzug, eine Art Hebebühne mit Geländer, zwischen Wohnzimmer im Erdgeschoss und unserem kleinen Zimmer im Obergeschoss. Mit diesem Aufzug kann ich mitsamt meinem Elektro-Rollstuhl beliebig zwischen den Etagen hin und herfahren, ohne umsetzen zu müssen – eine Riesenerleichterung für mich. Oben müssen wir dann einen Türdurchbruch machen lassen, eine andere Tür verbreitern, überall Fliesen legen lassen, das Badezimmer noch einmal neu anpassen und jede Menge Kleinigkeiten erledigen. Auch das Erdgeschoss ist danach natürlich komplett renovierungsbedürftig. Schließlich wird für den Aufzug ein ganzes Stück aus der Decke weggestemmt.

Ein bisschen graust es uns schon vor dem ganzen Aufwand, aber ich freue mich unbändig auf Mai. Dann soll alles fertig sein! Vielleicht hat dann meine »Gefangenschaft« wirklich ein Ende, und ich kann wieder rauf und runter und raus wie ich will?!

Aufgetaucht aus der Versenkung — Mai 2006

Liebe Gisela,

du kannst dir gar nicht vorstellen, welche gigantischen Auswirkungen dieser Umbau für mich hat! Jetzt ist alles ganz fertig, der Aufzug funktioniert, alle Handwerker sind aus dem Haus – und meine Lebensqualität hat sich um mindestens 300 Prozent verbessert! Morgens werde ich nun vom Duschrollstuhl direkt im Schlafzimmer schon in den Elektro-Rollstuhl gesetzt, und dann fahre ich mit dem Aufzug nach unten. (Zwar kann ich den Aufzug nicht allein bedienen, aber was macht das schon.) Unten kann ich nun ganz normal in der Küche frühstücken – oder bei schönem Wetter auf der Terrasse, denn ich habe nun eine Rampe, mit deren Hilfe ich die hohe Schiene der Terrassentür selbstständig überwinden kann.

Wenn ich will, kann ich wieder in mein Büro in der ersten Etage fahren, und ich kann jetzt sogar wieder die Toilette im Badezimmer benutzen. Was für eine Erleichterung! Oft genug war es sehr störend und peinlich, immer im Wohnzimmer den Toilettenstuhl benutzen zu müssen (denn nur dort war Platz genug zum Umsetzen mit dem Lifter) – da fühle ich mich nun im Badezimmer nicht mehr so fehl am Platze.

Und weißt du was? Es ist herrlich, auch wieder einmal draußen zu sein, die Sonne zu spüren, die Vögel zu hören! Nach einem Frühstück im Garten kann ich dann überlegen, was ich noch vorhabe: Muss ich noch mal zum Bäcker? Im Nachbarort ist heute Markt, vielleicht kaufe ich noch etwas frisches Obst oder Blumen? Oder ich »gehe« einfach nur spazieren, durch die Felder oder durchs Dorf.

Ja, inzwischen kann ich das wieder, ich habe mich mit meiner Krankheit und Behinderung arrangiert. Zwar gibt es immer noch eine gewisse Gegend, die ich lieber meide, nämlich die frühere Weide meines Pferdes, aber ansonsten überwiegt nun die Freude, wieder aus dem Haus zu kommen, wieder in Gottes wunderschöner Natur sein zu können.

Dank eines findigen Freundes habe ich nun auch eine Steckdose an meinem Elektro-Rollstuhl. So kann ich mein Atemgerät auch mitnehmen, wenn ich länger unterwegs sein möchte. Ich genieße meine neue Freiheit ganz außerordentlich. Nun kann ich auch noch mal allein sein und selbstständig Besorgungen machen. Bisher habe ich nur ausgesprochen freundliche und hilfsbereite Menschen getroffen. Wenn ich z. B. etwas kaufen möchte, dann bitte ich den Verkäufer, mein Geld aus der Tasche hinten am Rollstuhl zu holen und auch die Waren anschließend dort hineinzulegen. Ich habe die Erfahrung gemacht, dass man nur genau angeben muss, wo man Hilfe benötigt, dann sind die meisten Menschen sehr gerne bereit zu helfen.

Und am liebsten sind mir unterwegs die Kinder. Sie schauen mich ungeniert an, und viele fragen: Was hast du da für ein komisches Ding im Gesicht? Kannst du nicht mehr gehen? Dann freue ich mich und erkläre gern, was es mit diesen »komischen Sachen« so auf sich hat. Manchmal wünschte ich, auch Erwachsene würden sich trauen, diese simplen Fragen zu stellen. – Es ist vereinfacht manchmal die ganze Angelegenheit. Aber ich weiß, ich selbst hätte es auch nicht getan.

Liebe Gisela,

immer noch bin ich ganz begeistert von meiner neuen Mobilität! Ich bin so viel unterwegs wie seit Jahren nicht mehr. Ich treffe alte Bekannte, Nachbarn – Menschen, die ich schon sehr lange nicht mehr gesehen habe und die sich meist nicht getraut haben, zu mir zu kommen. Die meisten sind erstaunt und sehr erfreut, mich relativ munter und fit zu sehen – bis auf die Lähmungen geht es mir ja auch prächtig.

Aber das Schönste ist für mich immer noch die Möglichkeit, mich auch allein fortbewegen zu können, wieder allein aus dem Haus zu kommen und in langen, einsamen Spaziergängen ausführlich mit Gott zu sprechen. Das tut so gut! Ein bisschen ist es wie damals, als ich noch mit Pferd und Hund durch die Felder streifte.

Zur Illustration: Meinen Elektro-Rollstuhl benutze ich nun seit Oktober. Von Oktober bis Mai war ich 40 Kilometer damit gefahren. Aber von Mai bis jetzt habe ich schon weitere 90 Kilometer zurückgelegt!

Seit Kurzem benutze ich übrigens auch endlich das Spracherkennungsprogramm für meinen Computer, d.h. ich diktiere, und mein Computer schreibt. Es ist zwar noch sehr gewöhnungsbedürftig, aber immerhin besser als das Tippen. Welche erstaunlichen technischen Hilfsmittel es doch gibt!

Ich habe wieder ein sehr ausgefülltes Leben, von Eintönigkeit und Langeweile ist nicht mehr viel zu spüren. Ich kann wieder viel mehr Schreibtischarbeit erledigen, kann aus dem Haus, wenn ich will, fühle mich nicht mehr eingesperrt.

Eigentlich unterscheidet sich mein Leben im Moment nur relativ wenig von dem Leben, das ich ohne Krankheit führen würde. Jetzt ist in unserer Familie die »Kinderphase« ohnehin größtenteils vorbei (jetzt wohnen nur noch zwei unserer Kinder bei uns, und die sind mittlerweile 14 und 17 Jahre alt), und auch ohne Krankheit würde ich einen größeren Teil meiner Zeit am Schreibtisch verbringen. Ich übersetze wieder regelmäßig, erledige Lektoratsarbeiten für einen Verlag und schreibe gelegentlich Artikel und Bibelarbeiten – meine Tage sind wieder sehr ausgefüllt.

Häufig erinnere ich mich in letzter Zeit an ein Kinderlied, das ich früher so gern mit unseren Kindern und auch in der Gemeinde gesungen habe: »Sing mit mir ein Hallelujah«. Dieses Lied strahlt mit spritziger Begeisterung eine tiefe Dankbarkeit aus, die in ein jubelndes Lob Gottes mündet. Viele Gründe zur Dankbarkeit werden dort genannt: unter anderem eine erholsame Nachtruhe und die guten Lebensbedingungen in Gottes genialer Schöpfung. Er sorgt für alles, sogar für die Atemluft!

Ja, ich kann auch danken »für die Luft, die mir den Atem gibt«: Auch mein Atemgerät nehme ich aus Gottes Hand!

Dem Himmel entgegen – »Ich freue mich auf zu Hause!«

Leid, Mit-Leid und Selbstmitleid

August 2006

Liebe Gisela,

als du mir neulich geschrieben hast, dass du mir »viel Kraft im Leiden« wünschst, da war meine erste Reaktion unwillkürlich: Aber ich leide doch gar nicht! Ich habe keine Schmerzen, ich bin nicht direkt und unmittelbar vom Tod bedroht, meine Krankheit schreitet anscheinend nur sehr langsam fort, ich werde gut versorgt – mir fehlt doch nichts. Oder?

Wenn ich das Wort »Leid« höre, sehe ich Bilder vor mir:
- Menschen im Krieg. Schreiend, blutend. Weit aufgerissene Augen. Schmerzen. Qualen.
- Kranke Kinder mit kahlen Köpfchen. Infusionen. Intensivmedizin. Und Angst, grenzenlose, unbegreifliche Angst.
- Terroranschläge. Namenloses Entsetzen. Verstümmelte Menschen. Tote, mitten aus dem Leben gerissen.

Aber doch nicht ich! »Das bisschen Krankheit« – ist auch das Leid? Doch, es stimmt, im täglichen Leben geht es mir gut. Ich habe mich mit meinem neuen Alltag arrangiert, ich komme klar.

Ich habe ja auch so viel Hilfe – praktische Hilfe und Gebetsunterstützung. Die Verbindung zu Gott ist intakt, er hat mir sogar das große Geschenk gemacht, dass ich immer noch unbeeinträchtigt sprechen und schlucken kann. Mein Leid besteht in erster Linie oft darin, dass mir die Menschen in meiner Umgebung so leid tun. Und dieses Mit-Leid macht so hilflos.

Mein Mann leidet – doch er empfindet es ebenso wie ich nicht als Leiden. Er hat eine unglaublich große Arbeitsbelastung, denn er möchte sich gern selbst so viel wie möglich an der Pflege beteiligen, obwohl er voll berufstätig ist. Morgens und abends, an den Wochenenden und in der Nacht ist er allein für alle meine körperlichen Bedürfnisse zuständig. Waschen, anziehen, füttern, ins Bett bringen, im Bett lagern, nachts umdrehen, auf die Toilette setzen und noch jede Menge Kleinigkeiten ...

Meine Kinder leiden, jedes für sich. Auch sie sind eingebunden in meine Pflege. Vor allem aber müssen sie mit dem Gedanken leben, dass ihre Mutter schwerkrank ist, dass wir nie wieder ein normales Familienleben führen können, dass vieles unmöglich geworden ist, was früher selbstverständlich war. Unsere Situation ist eben alles andere als normal.

Und diese Art Mit-Leid trifft natürlich meine Familie umgekehrt genauso. Sie müssen hilflos mitansehen, dass mein Körper fast alle Funktionen aufgegeben hat, dass ich in den kleinsten Kleinigkeiten abhängig von fremder Hilfe bin.

Und doch, es gibt Tage, an denen ich unter der Last der Krankheit stöhne. Es gibt Tage, an denen ich leide, an denen ich weine. Aber eigentlich ist es nicht mein Leid, das mich zu Tränen rührt, es ist vielmehr Selbstmitleid. Meist hangelt es sich an Kleinigkeiten hoch bis in mein Bewusstsein. Da ist vielleicht gerade wieder mein Blasenkatheter verstopft. Es schmerzt, Urin läuft aus, ich muss trockengelegt werden wie ein Baby. Manchmal weine ich – aus Selbstmitleid.

Oder ich werde ungeduldig. Da gibt es Dinge, die erledigt werden müssen. Ich weiß genau, wenn ich es noch selbst tun könnte, wäre bald alles fertig, und zwar genauso, wie ich es mir vorstelle. Aber nun muss jemand anders nach meiner Anweisung handeln – vielleicht ungeschickt, manchmal auch unmotiviert, quälend langsam, und das Ergebnis entspricht auch nicht genau meinen Vorstellungen. Auch bei solchen Gelegenheiten kommen mir manchmal die Tränen – aus Enttäuschung, aus dem Gefühl heraus, ich könnte es bestimmt besser. Und letztlich wieder aus Selbstmitleid. Das ist grässlich, es zieht mich immer wieder nach unten, lässt mich um mich selbst kreisen.

Da versuche ich besser, meine Dankbarkeit zu kultivieren,

schließlich gibt es so unendlich vieles, wofür ich dankbar sein kann. So vielfältige Hilfe von Menschen, technische Hilfsmittel an allen Ecken und Enden – und nicht zuletzt bin ich Gott überaus dankbar, dass er mich durch diese ganze Krankheit hindurch trägt. Er hat mir sogar noch die Sprache und das Schlucken erhalten!

Ja, danke Herr, für deine unendliche Liebe!

Guckloch-Perspektive — September 2006

Liebe Gisela,

immer wieder falle ich darauf rein! Bin ich eigentlich überhaupt nicht lernfähig? Immer wieder schwelge ich in der Vergangenheit – oder in einer Schein-Wirklichkeit. Manchmal reicht ein Foto oder eine flüchtige Erinnerung, und meine Gedanken setzen sich in Bewegung. Ich schaffe mir selbst ein Guckloch, ganz so, als säße ich hinter einer dünnen Wand und bemühte mich, durch einen Spalt zu spähen. Dann sehe ich Wunschbilder vor mir. Ich träume von einem gesunden Körper, von den unendlichen Möglichkeiten, die ich hätte, von dem, was ich täte ... und ich klage, dass alles das für mich nur noch ein Traum ist. Das Leben, das richtige Leben, geht an mir vorbei.

Unfug, alles Unfug! Ich weiß genau, ich muss nur die Perspektive wechseln! Aus meiner Guckloch-Perspektive sehe ich, was mein Ego mir vorgaukelt . Aber das wahre, bunte, pralle Leben, das sehe ich so nicht.

Wie oft schon habe ich gesagt oder gedacht, dass ich Gott nicht verstehe. Hätte er nicht lieber ..., sollte er nicht besser ... – ich hätte tausend Vorschläge, wie Gott mein Leben einfacher und angenehmer gestalten könnte. Aber warum sollte er das tun? Ich weiß es doch genau, und ich muss es mir immer wieder sagen: Gott macht keine Fehler, auch nicht mit mir.

Es gibt da ein wunderbares Bild, das mir oft geholfen hat, Gottes

Wege mit mir nicht nur aus meiner beschränkten Guckloch-Perspektive zu sehen. Stelle dir vor, dein Leben ist eine Tischdecke. Sie ist nicht nur einfach gewebt, sondern da laufen bunte Fäden kreuz und quer. Scheinbar planlos und ohne erkennbares Muster sind verschiedene Fäden in verschiedenen Farben ineinander verwoben und verknotet. Das alles sieht aus wie ein heilloses Durcheinander. Und da soll Gott seine Hand im Spiel haben? In diesem Chaos auf der Tischdecke ist kaum etwas Dekoratives zu sehen. Einen Geburtstagstisch wird man sicherlich nicht darauf decken wollen.

Und dann dreht jemand plötzlich die Tischdecke herum. Hier ist nichts mehr zu erkennen von dem Fadengewirr, das einen so unordentlichen Eindruck machte. Ganz im Gegenteil, ein wunderbares Muster, fein abgestimmte Farben und Formen, eine Augenweide für jeden festlich gedeckten Tisch. Man muss eben nur die *richtige* Seite betrachten! Es hilft mir sehr, wenn ich mein Leben wie eine gestickte Tischdecke sehe. Was ich für planlos und zufällig halte, das ist einfach nur die Rückseite. Die richtige Seite ist von Gott bestickt. Und vollkommen.

Wenn ich mal wieder an mir selbst leide, dann denke ich an diesen wunderbaren Vers aus dem Römerbrief:

> *»Denn ich bin überzeugt, dass weder Tod noch Leben, weder Engel noch Gewalten, weder Gegenwärtiges noch Zukünftiges, noch Mächte, weder Höhe noch Tiefe, noch irgendein anderes Geschöpf uns wird scheiden können von der Liebe Gottes, die in Christus Jesus ist, unserem Herrn«* (Römer 8,38-39).

Liebe Gisela,

gestern habe ich es noch einmal geschafft, zur Frauenstunde in die Gemeinde zu gehen. Es ging um das Thema Gottvertrauen. Eine Schwester bat darum, dass wir mit ihr für eine Familie beten sollten, die vor einigen Wochen durch einen Unfall ein Kind verloren hatte. Und dann fiel wieder der Satz: Mit etwas mehr Gottvertrauen müssten sie doch langsam darüber hinweg sein. Das alles wird schon seinen Sinn haben.

In einem solchen Zusammenhang wird meistens unweigerlich irgendwann der Vers zitiert: »*Wir wissen aber, dass denen, die Gott lieben, alle Dinge zum Guten mitwirken, denen, die nach seinem Vorsatz berufen sind*« (Römer 8,28).

Ja, natürlich, Paulus hat Recht. Das steht ganz außer Frage. Alle Dinge, auch die schwersten körperlichen und seelischen Qualen, haben letztlich einen tieferen Sinn auf unserem Weg mit Jesus Christus. Aber wie unbarmherzig kann ein solches Zitat wirken, wenn ein gedankenloser Mensch es in eine Situation tiefster Trauer hinein spricht. Es klingt leicht nach: »Nun reiß dich einfach zusammen, deine Qual wird schon einen Grund haben, und es ist schließlich alles nur zu deinem Besten.« Selbst wenn die Aussage im Kern stimmt – tröstlich wirkt sie nicht.

Gottvertrauen und Trauer sind einfach zwei Paar Schuhe. Ich vertraue auf Gott, ich weiß, dass er keine Fehler macht. Ich bin mir ganz sicher, dass ich kein Spielball in einem zufälligen und planlosen Spiel bin. Ich fühle mich geborgen in der Liebe Gottes.

Dennoch kann und darf ich trauern. Meine Trauer über all das, was ich mit meiner Krankheit für immer verloren habe, widerspricht nicht dem Vertrauen darauf, dass Gott alles in seiner Hand hält.
Jesus Christus macht es mir selbst vor. Sein Gottvertrauen ist nie in Zweifel zu ziehen, und trotzdem kennt auch er menschliche Emotionen, Schmerz, Trauer.

Im Johannes-Evangelium wird berichtet, wie Jesus trauerte und weinte, als er mit der Realität des Todes seines Freundes Lazarus konfrontiert war (Johannes 11,35). Zwar wusste der Herr Jesus bereits, dass er Lazarus wieder lebendig machen würde, aber der Tod seines Freundes erschütterte ihn dennoch. Gottvertrauen und Trauer schließen einander nicht aus.

Wenn diese Wahrheit doch auch bei Christen mehr Verbreitung fände – wir könnten einander sicher mehr trösten und würden weniger verletzen.

Weihnachtsdeko November 2006

Liebe Gisela,

ich schicke dir ein paar bunte Grüße zum Advent. Ich muss sagen, ich genieße auch diese dunkle Jahreszeit. Wenn es draußen kalt und nass und ungemütlich ist, freue ich mich umso mehr an meiner schönen und warmen Wohnung.

Gestern habe ich alles zum Advent dekoriert. Ich habe ein paar Sterne und winterliche Holzdekorationen ins Fenster gehängt, eine Lichterkette in die mit winterharten Pflanzen bestückten Blumenkästen vor dem Küchenfenster gelegt; auf der Wiese stehen ebenfalls ein paar Leuchtstäbe, und die Blumenkübel sind mit Tannengrün und Erika bepflanzt. Auf dem Wohnzimmertisch steht ein großer selbstgemachter Adventkranz, und ich habe natürlich wieder überall Kerzen verteilt – sehr zum Leidwesen meines Mannes und meiner Söhne, die immer halb im Ernst argumentieren: Wir haben doch elektrischen Strom, wer braucht da noch Kerzen?

Natürlich habe ich nichts davon selbst gemacht, auch wenn ich gerade eben unwillkürlich alles so geschrieben habe. Meine Haushaltshilfe und meine Kinder mussten mir Arme und Beine, Hände und Füße ersetzen. Ich habe nur Regie geführt – der Kopf funktioniert ja noch!

Und dennoch, *ich selbst* habe dekoriert. Ich lasse mir auch diesen Gedanken nicht nehmen. Manchmal sage ich, inzwischen mit voller Absicht: Ich gehe noch mal schnell zum Bäcker. Manch einer fühlt sich dann gedrängt zu sagen: Du meinst sicher, du *fährst* zum Bäcker.

Ja, natürlich, ich weiß selbst, dass ich nicht mehr gehen kann. Aber sollte ich deshalb meine Sprache komplett umstellen? Nicht mehr: *Ich habe* dekoriert, sondern: *Man hat* dekoriert? Nein, das sehe ich gar nicht ein. Auch Blinde sagen einander: Auf Wiedersehen!

Und dennoch: Frohe Ostern! **Dezember 2006**

Liebe Gisela,

eigentlich sage ich auch um diese Jahreszeit immer am liebsten: Frohe Ostern! Denn ohne Weihnachten hätte es Ostern nie gegeben. Aber ohne Ostern wäre Weihnachten sinnlos! Deswegen freue ich mich natürlich zu Weihnachten, dass unser Herr Jesus Christus geboren ist! Wenn er auch längst nicht mehr das kleine hilflose Baby im Futtertrog ist.

In diesem Jahr ging es mir ganz ähnlich wie vor drei Jahren um diese Zeit. Wieder fürchtete ich um meine Atmung. In den letzten zwei Wochen hatte ich immer wieder nächtliche Probleme. Ich wachte ständig auf, hatte fortwährend das Gefühl, nicht genug Luft zu bekommen, und die alten Gedanken keimten wieder auf: Jetzt ist es wohl wirklich so weit. Wenn die Atemmuskulatur auch mit Hilfe des Atemgeräts nicht mehr stark genug ist, dann muss ich mich bald nach etwas anderem umsehen.

Da gibt es für mich zwei Möglichkeiten. Entweder ich belasse es bei der Maskenbeatmung und gehe noch mal ins Schlaflabor, um die Werte eventuell anpassen zu lassen – so weit das noch geht. Dann muss ich mich wieder verstärkt mit dem Gedanken auseinander setzen, dass mein Leben schließlich doch dem Ende entgegen geht.

Oder aber ich entscheide mich für eine invasive Beatmung, das bedeutet: ein Luftröhrenschnitt und künstliche Beatmung, quasi wie auf einer Intensivstation. Inzwischen ist das allerdings auch alles bei einer sogenannten Heimbeatmung möglich – ich kann also weiterhin zu Hause bleiben und habe eben »nur« einen Beatmungsschlauch im Hals. Das Problem liegt für mich vor allem darin, dass keiner wirklich garantieren kann, ob ich nach dem Luftröhrenschnitt noch sprechen kann. Ich bin Gott so dankbar, dass er mir die Sprache bisher erhalten hat! Dieses Geschenk möchte ich nur ungern aufs Spiel setzen.

Die Entscheidung ist so schwer, und keiner kann sie mir abnehmen. Ich habe viel darüber gegrübelt, habe Gott gebeten, dass ER doch eine Entscheidung für mich treffen solle, und letztlich kam wieder alles ganz anders.

Vorgestern kam mir plötzlich der Gedanke, dass meine Probleme auch auf eine Störung am Atemgerät zurückzuführen sein könnten. Und tatsächlich: Der Techniker, der das Gerät daraufhin untersuchte, stellte eine Fehlfunktion der Elektronik fest. Er installierte ein Austauschgerät, und siehe da, seit gestern kann ich wieder schlafen. Das Atemgerät entlastet weiterhin meine Atemmuskulatur, die offensichtlich doch nicht, wie befürchtet, drastisch zurückgegangen ist.

Aber eines hat diese »Atempause« eindeutig bewirkt. Ich habe mal wieder sehr gründlich über mein Lebensende nachdenken können. Gott hat mir gezeigt, wie er mich nach wie vor liebevoll in seinen Armen trägt, was auch geschieht. Ich habe noch mal einen Sonderkurs »Gottvertrauen« belegt. Und das habe ich gelernt:

> *»Fürchte dich nicht, denn ich habe dich erlöst! Ich habe dich bei deinem Namen gerufen, du bist mein... weil du teuer bist in meinen Augen, und wertvoll bist und ich dich lieb habe«* (Jesaja 43,1.4).

Liebe Gisela,

bei uns gibt es wieder etliche Veränderungen im neuen Jahr. Zunächst einmal müssen mein Mann und meine Kinder endlich bei der Pflege entlastet werden. Bisher war es so, dass mein Mann morgens, nachdem die Kinder aus dem Haus waren, die gesamte sogenannte Grundpflege allein bewältigen musste: mich aus dem Bett holen, duschen bzw. waschen, anziehen, Frühstück reichen, auf die Toilette setzen usw. Da ich ja leider überhaupt nicht mithelfen kann, sondern alles nur mit mir geschehen lassen muss, dauert diese ganze Angelegenheit locker anderthalb bis zwei Stunden. Vor 10:00 Uhr kam mein Mann dementsprechend nie aus dem Haus, um zur Arbeit zu fahren. Glücklicherweise hat er keine festen Arbeitszeiten; doch wer spät anfängt, darf am Abend natürlich etwas länger bleiben ... und in den letzten Monaten war mein Mann meist nicht vor 21:00 Uhr zu Hause.

Meine Haushaltshilfe war dann bis 15:00 Uhr da, und anschließend waren die Kinder für alles verantwortlich, was mit mir und für mich getan werden musste. So konnte es einfach nicht weitergehen! Unser jüngster Sohn traute sich ja noch nicht einmal, sich zum Fußballspielen zu verabreden – es könnte mir ja etwas passieren in der Zwischenzeit. Es könnte der Strom ausfallen, das Atemgerät könnte kaputtgehen! Und er hat ja Recht. Diese Gefahren sind nicht von der Hand zu weisen, und allein bin ich tatsächlich vollkommen hilflos. Wenn das Atemgerät plötzlich ausfallen sollte und in dieser Situation niemand in unmittelbarer Reichweite ist, dann habe ich nicht mehr viele Möglichkeiten ...

Kurz und knapp: Seit Anfang des Monats gewöhnen wir uns an eine neue Lebenssituation. Ich werde nun betreut von einem Pflegedienst speziell für Beatmungspflege. Jeden Tag von 8:00 morgens bis 20:00 abends ist eine Krankenschwester bei mir zu Hause für alle meine körperlichen Bedürfnisse zuständig. Insgesamt gehören drei Frauen zu einem festen Team, die sich nach Dienstplan abwechseln. Die jeweilige Pflegekraft holt mich morgens aus dem Bett und erledigt die Grundpflege, kümmert sich um all die vielen Kleinigkeiten zwischendurch, versorgt mich rundherum. Das ist für mich eine große Beruhigung und für meine Familie eine Entlastung – einerseits.

Andererseits ist nun von Privatsphäre natürlich nicht mehr viel übrig geblieben. Bisher waren wir zumindest ab Nachmittag unter uns. Jetzt ist ständig eine »fremde Person« dabei. Auch diese Einschränkung steckt man nicht einfach so weg. Vor allem für die Kinder ist die Belastung nicht zu unterschätzen. Und auch ich fühle mich manchmal einfach beobachtet, so albern es auch klingt.

Doch alles in allem bin ich sehr froh und dankbar, dass es diesen Luxus der Rundum-Betreuung gibt. Ich finde, das ist alles andere als selbstverständlich!

Fels in der Brandung **Februar 2007**

Liebe Gisela,

ich habe einen Beschluss gefasst! In diesem Jahr will ich einen »neuen Egoismus« ausprobieren, der sich nicht nur immer auf meine Person bezieht. Ich suche nach Wegen weg von mir selbst. Ich will geben, nicht immer nur empfangen. Und Gott gibt mir Gelegenheiten dazu.

In letzter Zeit bekomme ich wieder häufiger Besuch. Dadurch, dass ich selbst wieder verstärkt draußen unterwegs bin, treffe ich natürlich viele alte Bekannte, Nachbarn, Mütter von Kindergartenfreunden unserer Kinder und alle fragen natürlich: Wie geht es dir denn jetzt? Ich kann meistens sagen: Prachtvoll! Und: Besuch mich doch mal! Die meisten kommen tatsächlich, und da gibt es viel zu erzählen. Nicht selten gehen die Gespräche plötzlich in die Tiefe. Da geht es um Lebenskrisen, weichenstellende Entscheidungen und den Glauben an Gott in schweren Zeiten.

Früher, als ich nur die Theorie kannte, fühlte ich mich in solchen Gesprächen immer unsicher und hilflos. Jetzt weiß ich aus eigener Erfahrung, was wirkliches Gottvertrauen ist und wie mein Herr Jesus Christus mein Leben in seiner Hand hält. Ich kann Gottes Wort und meine Erfahrungen weitergeben.

Und auch auf einer anderen Ebene spüre ich, dass Gott mir eine neue Aufgabe gegeben hat. Ich habe die Möglichkeit, viele Briefe und E-Mails zu schreiben. Da sind einerseits Briefkontakte und Freundschaften, die schon seit Jahren oder Jahrzehnten bestehen. Nun sind sie viel intensiver und persönlicher geworden. Und andererseits habe ich in einem Internetforum für ALS-Betroffene schon einige Bekanntschaften geschlossen. ALS-Patienten reden nicht lange um den heißen Brei herum. Wer den Tod vor Augen hat, plaudert nicht nur über das Wetter. Wie viel Unsicherheit und Angst es da gibt. Viele sind erstaunt, dass ich so gelassen und fröhlich bin – auch dann kann ich weitergeben, warum ich nicht in Verzweiflung und Resignation versinken muss.

Alle diese Menschen, die Gott mir schickt, brauchen in erster Linie eines: Gebet! Auch das ist eine Aufgabe, die Gott mir nun gegeben hat. Und immer wieder wird mir ganz deutlich, wie sehr mein Herr und Gott mich in diesen Aufgaben segnet. Das ist mein »neuer Egoismus«. Ich empfange so viel Segen, wenn ich versuche, für andere da zu sein. Ist es nicht faszinierend zu sehen, dass ich erst durch meine lange Krankheit die Zeit und die Freiräume für solche Aufgaben bekommen habe!

In den letzten Jahren kam ich mir manchmal vor wie ein Fels in der Brandung. Ich sitze da, bewegungslos, ja, bewegungsunfähig, und das Leben brandet um mich herum. Aber ich habe die Wahl. Ich kann eine kahle Schäre, eine Felseninsel sein, mit nichts als Flechten und Moos und nur kargem Gestrüpp, selbst für Krähen als Nistplatz nicht besonders attraktiv. Ich kann allerdings auch eine blühende kleine Insel mitten im Meer sein, ein Ruheort für Zugvögel.

Gott gibt mir alle Möglichkeiten – ich habe die Wahl. Ich habe mir für dieses Jahr vorgenommen zu blühen.

Liebe Gisela,

manchmal kenne ich mich selbst nicht mehr. Bin ich wirklich immer noch dieselbe Frau, die ich vor meiner Erkrankung war?

Mein Körper ist zum gnadenlosen Diktator geworden. Er schreibt mir vor, wann ich arbeiten darf und wann ich mich unbedingt ausruhen muss – ich bin so oft einfach müde. Er befiehlt mir die Benutzung des Atemgeräts, auch wenn mir die Situation gar nicht passend erscheint. Er zwingt mich dazu, bestimmte Kleidung zu tragen, die für das lange Sitzen im Rollstuhl praktisch ist. Und auch Tausende weitere Kleinigkeiten gibt mein Körper vor, und ich kann nur gehorchen. Ich bin gefangen im eigenen Körper.

Der Blasenkatheter ist lästig, verstopft manchmal und wird dann überaus schmerzhaft. Meine Verdauung spielt häufig verrückt und bringt mich mit plötzlichen Ausbrüchen in die unmöglichsten Situationen. Verschlucken und Hustenanfälle quälen mich von Zeit zu Zeit und führen zu verstärkter Atemnot.

Manchmal stelle ich auch überrascht fest, dass ich mich wohl auch emotional verändert haben muss. Ich weine viel häufiger und auch schneller als jemals zuvor, werde leichter ungeduldig. Bin ich noch ich selbst? Selbst äußerlich habe ich mich stark verändert. Die eigentliche, wirkliche Person ist in meiner Vorstellung trotzdem immer noch die Frau, die ich vor sechs Jahren, vor ALS, war. Dieser Zwiespalt ruft auch nach so langer Zeit noch emotionale Verwirrung hervor. Ein Beispiel? Einige Fotos, die mich mit meinem geliebten Pferd zeigen, habe ich von der Wand genommen und in die hinterste Ecke im Schrank verbannt – immer noch tut es zu weh, diese Art von Leben für immer verloren zu haben.

Aber ich bin noch dieselbe Person, ich sehe einfach nur anders aus. Füße, Hände und Gesicht sind von Ödemen aufgequollen, meine Figur ist völlig dahin. (Im Gegensatz zu den meisten ALS-Kranken habe ich nicht abgenommen, sondern zugenommen.) Eine annehmbare Frisur ist nicht möglich, da ich 18 Stunden am Tag die Atemmaske trage, die auch mein Gesicht ziemlich zerdrückt. Selbst mein Kleidungsstil musste sich einem Leben im Rollstuhl anpassen.

Hätte mir jemand vor sechs Jahren gesagt, wie ich jetzt leben muss, so hätte ich sicher geantwortet: Nein, das kann ich nicht. Und das stimmt auch; *ich* kann es wirklich nicht. Die Kraft dazu erhalte ich täglich neu von meinem Herrn Jesus Christus.

> *»Und er hat zu mir gesagt: Meine Gnade genügt dir, denn meine Kraft kommt in Schwachheit zur Vollendung. Sehr gerne will ich mich nun vielmehr meiner Schwachheiten rühmen, damit die Kraft Christi bei mir wohne; denn wenn ich schwach bin, dann bin ich stark«* (2. Korinther 12,9-10).

Blumen — April 2007

Liebe Gisela,

vielen Dank für den hübschen Geburtstagskalender, er hängt schon neben meinem Schreibtisch! Besonders gut gefällt mir das Bild vom März. Diese herrlichen bunten Primeln, die so richtig Lust auf Frühling machen!

Letztes Jahr im Frühling habe ich einen Korb mit drei Primeln geschenkt bekommen – wunderbare Pflanzen in kräftigen Farben. Sie standen draußen, im Eingang, und keiner bemerkte, dass sie dringend Wasser gebraucht hätten. Doch eines Morgens war es nicht mehr zu übersehen. Blüten und Blätter hingen schlaff herunter, die Blumenerde war knochentrocken – meine schönen Primeln schienen tot zu sein. Sofort starteten wir eine Rettungsaktion und stellten die Töpfe in eine große Schüssel mit Wasser. Und siehe da, ein paar Stunden später hatten sich die Pflanzen erholt, Blätter und Blüten hatten sich wieder aufgerichtet und sahen wieder frisch und neu aus. Welch ein Wunder!

Und nun sitze ich hier und bestaune den wunderbaren Blumenstrauß, den ich gestern geschenkt bekommen habe. Die vielfältigen Blütenformen, die leuchtenden Farben – die ganze Schönheit und Pracht der Schöpfung Gottes! Und dennoch ist diese ganze Pracht tot! Die Stängel sind abgeschnitten, die Verbindung zur Wurzel ist unterbrochen. In wenigen Tagen wird alles verwelkt und verdorben sein, keine Augenweide mehr, sondern nur noch etwas für die Mülltonne.

Wenn ich mich mit diesen Pflanzen vergleiche, dann bin ich doch tausendmal lieber eine welke Topfpflanze in Gottes Hand als ein prächtiger Blumenstrauß ohne Verbindung zum Schöpfer!

Ich freue mich auf zu Hause! **August 2007**

Liebe Gisela,

Sommerzeit – Reisezeit! Auch wir haben es wieder einmal gewagt. Noch einmal sind wir in diesem Sommer nach Holland ans Meer gefahren, in dieses »barrierefreie« Ferienhaus, in dem wir schon einmal waren. Zwar war es in diesem Sommer nicht gerade üppig warm, und auch das Wasser war nicht nur im Meer, sondern es kam uns oft vom Himmel entgegen. Und dennoch war es schön, etwas anderes zu sehen als die vertraute Umgebung.

Ich bin so froh und dankbar, dass das alles noch immer möglich ist trotz des großen Aufwands, bis die notwendigsten Hilfsmittel verstaut sind: mein Duschrollstuhl, meine Spezialmatratze, mein Atemgerät und noch eine ganze Menge Kleinigkeiten.

Während um mich herum und unter meiner Regie gepackt und gestapelt wurde, musste ich an eine andere große Reise denken, die ich wohl auch irgendwann bald antreten werde: meine »Reise« in den Himmel! Wie froh bin ich, dass ich dann kein Gepäck brauche! Im Gegenteil, ich werde so vieles einfach hier zurücklassen.

Zur Einstimmung auf eine Reise an einen unbekannten Ort besorge ich mir Prospekte, Bücher und Bildbände über mein

Reiseziel. Dann kenne ich mich schon ein wenig aus, wenn ich ankomme. Ganz ähnlich habe ich es empfunden, als ich mich kürzlich intensiv mit dem Thema Himmel in der Bibel auseinandergesetzt habe. Die Bibel malt ein farbiges, plastisches Bild von unserer ewigen Heimat, wenn man die Fülle von Bibelstellen wörtlich und nicht symbolisch auslegt und sie in einen Gesamtzusammenhang stellt.

Was ist eigentlich der Himmel? Wo ist er? Wie wird es da sein? Wer wird dort sein? Viele Christen vertreten die Auffassung, dass man über den Himmel eigentlich nichts Genaues wissen kann; irgendwie wird wohl alles besser und schöner sein als auf der Erde, aber ... Genau dieses ABER blockiert mein Denken und hindert mich daran, mich wirklich auf den Himmel, auf das ewige Leben bei meinem Herrn Jesus Christus zu freuen.

Dabei kann man ein ganzes Feuerwerk von bunten, biblischen Fakten entdecken:

- Die erlösten Menschen werden auferstehen und einen neuen, materiellen Körper bekommen.
- Auch die Erde wird dann vom Fluch der Sünde erlöst!
- Wir werden eine ewige körperliche Existenz auf einer ewigen materiellen Erde frei von Sünde und in der Gegenwart unseres geliebten HERRN erleben dürfen!

Ich glaube, wir haben manchmal verlernt, den Himmel mit den Augen Gottes zu sehen und uns mit dem zu beschäftigen, was uns dort erwartet. Ich bin weit davon entfernt, Todessehnsucht zu empfinden. Ganz im Gegenteil, ich lebe sehr gern auf dieser Erde! Und doch, jetzt habe ich Sehnsucht nach dem Himmel, eine große Vorfreude, wie vor einer großen, langersehnten Urlaubsreise.

Einen Knackpunkt hat die ganze Angelegenheit allerdings. Der Himmel ist nicht automatisch für jeden Menschen das Ziel seiner Lebensreise. Es gibt da eine genau definierte Zugangsberechtigung. Diese Tatsache scheint allerdings ein bisschen aus der Mode gekommen zu sein. Doch die Bibel ist in dieser Hinsicht ganz unmissverständlich:

»Jesus antwortete und sprach zu ihm: Wahrlich, wahrlich, ich sage dir: Wenn jemand nicht von Neuem geboren wird, kann er das Reich Gottes nicht sehen« (Johannes 3,3).

Nur wiedergeborene* Christen sind als Bewohner des Himmels zugelassen – eine ganz klare Kiste. Immer wieder bin ich Gott so dankbar, dass er in seiner Liebe einen Weg gefunden hat, dich und mich und viele, viele andere Menschen zu seinen Kindern und Erben zu machen.

Doch wenn ich an die vielen anderen Menschen denke, die Gottes Angebot nicht kennen oder einfach ablehnen, dann wird mir manchmal angst und bange. Schließlich hat jeder Mensch ein ewiges Leben. Die Frage ist nur, ob er es in Gottes Gegenwart, im Himmel, verlebt oder aber in ewiger Gottesferne, in unvorstellbaren Qualen. Je mehr ich mich mit diesem Thema beschäftigt habe, umso größer ist mein Wunsch, möglichst viele Menschen auf diese beiden Möglichkeiten aufmerksam zu machen, damit sie die richtige Entscheidung für ihr Leben treffen: die Entscheidung für Jesus Christus.

Aber trotz aller Sorge ist eines klar, ich freue mich auf den Himmel – ich freue mich auf Zuhause! Eine vollkommene, sündlose, enge Gemeinschaft mit Gott: *»Wir erwarten aber nach seiner Verheißung neue Himmel und eine neue Erde, in denen Gerechtigkeit wohnt"* (2. Petrus 3,13).

Der Apostel Johannes durfte in einer Vision schon einen Blick darauf werfen: *»Und ich sah einen neuen Himmel und eine neue Erde, denn der erste Himmel und die erste Erde waren vergangen ...«* (Offenbarung 21,1).

Ich freue mich auf den Himmel, auf einen neuen, vollkommenen und gesunden Körper. Was ich in der Bibel dazu finde, macht mich sehr neugierig, und voller Vorfreude versuche ich, mir ein Leben im Himmel vorzustellen.

»Es wird aber jemand fragen: ›Wie werden denn die Toten auferweckt, und was für einen Körper werden sie dann haben?‹ Wie töricht! Was du säst, muss doch erst sterben, damit es lebendig wird.

Du säst doch nicht den pflanzlichen Körper, der erst entstehen soll, sondern ein nacktes Weizenkorn oder irgendeinen anderen Samen. Gott gibt ihm dann einen pflanzlichen Körper, und jede Samenart erhält so ihre eigene Gestalt. Nicht jedes Fleisch hat die gleiche Beschaffenheit. Das Fleisch der Menschen ist anders als das des Viehs, der Vögel und der Fische. Dann gibt es himmlische und irdische Körper. Die Himmelskörper haben eine andere Schönheit als die Körper auf der Erde. Der Glanz der Sonne ist anders als der des Mondes und der von den Sternen. Auch die Sterne selbst unterscheiden sich in ihrer Helligkeit. So ähnlich könnt ihr euch die Auferstehung von den Toten vorstellen: Was in die Erde gelegt wird, ist vergänglich, was auferweckt wird, unvergänglich. Was in die Erde gelegt wird, ist armselig, was auferweckt wird, voll Herrlichkeit. Was in die Erde gelegt wird, ist hinfällig, was auferweckt wird, voller Kraft. Was in die Erde gelegt wird, ist ein natürlicher Leib, was auferweckt wird, ein himmlischer Leib. Wenn es einen natürlichen Leib, einen der Seele entsprechenden Körper gibt, muss es auch einen himmlischen Leib, einen dem Geist entsprechenden Körper geben. […] Zuerst kam das von der Seele bestimmte Leben und dann erst das vom Geist bestimmte. Der erste Mensch stammt von der Erde, vom Staub, der zweite Mensch vom Himmel. Wie der Irdische beschaffen war, so sind auch die irdischen Menschen beschaffen; und wie der Himmlische beschaffen ist, so werden auch die himmlischen Menschen beschaffen sein. Und so, wie wir jetzt dem gleichen, der von Erde genommen wurde, werden wir künftig dem gleichen, der vom Himmel ist. Ich versichere euch, liebe Geschwister: Menschen aus Fleisch und Blut können keinen Anteil am Reich Gottes erhalten; Endlichkeit kann nicht Ewigkeit bekommen. […] Denn dieser verwesliche Körper hier muss Unverweslichkeit anziehen, dieses Sterbliche Unsterblichkeit. Wenn das geschieht, wenn das Vergängliche Unvergänglichkeit und das Sterbliche Unsterblichkeit anziehen wird, dann werden sich die Schriftworte der Propheten erfüllen: ›Der Tod ist verschlungen vom Sieg.‹ ›Tod, wo ist denn dein Sieg? Tod, wo bleibt dein Stachel?‹« (aus 1. Korinther 15,35-55; NeÜ).

Aber das Allerschönste ist für mich die liebevolle und persönliche Zusage Gottes: »*Und Gott wird abwischen alle Tränen von ihren Augen, und der Tod wird nicht mehr sein, weder Leid noch Geschrei noch Schmerz wird mehr sein; denn das Erste ist vergangen*« (Offenbarung 21,4).

Liebe Gisela, willst du im Himmel mit mir laufen und hüpfen und Purzelbaum schlagen? Ich freue mich jedenfalls schon riesig darauf!

Abschiedsparty, Teil 1 und Teil 2 **September 2007**

Liebe Gisela,

ist das nicht ein ganz großes Wunder? Ich lebe noch, und es geht mir gut. Gott hat mir auf wunderbare Weise bis heute meine Sprechfähigkeit erhalten – eine unfassbare Gebetserhöhung!

In den letzten Tagen ist mir immer wieder ein Gedanke in den Sinn gekommen, der mich ganz zu Beginn meiner Krankheit häufig beschäftigt hat. Ich habe damals nie gewagt, dir davon zu schreiben, und ich habe auch mit niemandem darüber gesprochen – mir selbst kam die Sache zu diesem Zeitpunkt etwas makaber vor. Aber jetzt ist das anders. Ich habe viel gelernt.

Ich hatte immer den Gedanken, dass ich gern eine Abschiedsparty feiern möchte, solange ich noch lebe. Dazu möchte ich am liebsten alle Menschen einladen, die ich kenne und die mir etwas bedeuten – und das sind eine ganze Menge! (In den letzten Jahren sind es übrigens noch viel mehr geworden.) Meine Überlegung war dabei, dass zu meiner Beerdigung sicherlich viele kommen werden, dass es *für mich* dann aber zu spät zum Abschiednehmen ist! So gerne möchte ich *vorher* alle noch einmal wiedersehen, mit meinen Freunden singen und feiern, mich von jedem verabschieden und allen noch einmal die guten Gedanken Gottes mit auf den Weg geben; Gedanken von Gerechtigkeit, Liebe und Gnade; von der Freude und vom ewigen Leben!

Das wäre Teil 1 meiner Abschiedsparty, und wenn ich so grob

überschlage, dann müsste ich wahrscheinlich die Stadthalle mieten, um alle meine Verwandten, Freunde, Bekannten und Glaubensgeschwister unterzubringen. Na und? Das wäre mir die Sache wert!

Die große Frage, die ich mir allerdings seit langem schon stelle: Wann ist dafür der richtige Zeitpunkt? Im Moment geht es mir jedenfalls einfach noch viel zu gut dafür ... aus menschlicher Sicht habe ich wohl doch noch etwas mehr Zeit als befürchtet. Was Gott dazu sagt, steht natürlich auf einem anderen Blatt – und er entscheidet ganz allein über Leben und Tod. Es kann also vielleicht doch noch eine Weile dauern, bis dir eine offizielle Einladung zu meiner Abschiedsparty, Teil 1, ins Haus flattert! Aber du kommst doch hoffentlich, oder?

Zu meiner Abschiedsparty, Teil 2, werden wohl sicher auch eine Menge Leute kommen. Am liebsten würde ich auch diesen Teil, meine Beerdigung, wie ein Fest planen – auch wenn ich selbst dann nicht mehr mitfeiern kann ... Ich kann mir ja auch vorstellen, dass einige traurig sein werden, wenn ich gestorben bin – mir selbst wird der Abschied sicherlich auch nicht ganz leicht fallen.

Aber wenn ich mir vorstelle, was mich dann erwartet: ein ewiges Leben in Gottes Gegenwart, in Vollkommenheit! Wie einzigartig wird das sein! Unter diesem Aspekt sollte doch auch eine christliche Beerdigung keine reine Trauerfeier sein, oder? Zumindest sollte jeder auch und gerade bei einer solchen Gelegenheit erfahren können, wie herrlich es ist, mit Gott zu leben und zu sterben – und durch den Tod zum ewigen Leben zu kommen! Gottes Wort hat so viel wunderbare Worte dafür:

> *»Wir wissen ja: Wenn unser irdisches Zelt abgebrochen wird, haben wir eine Wohnung von Gott, ein nicht von Menschenhand gebautes ewiges Haus in den Himmeln. Deshalb ächzen wir und sehnen uns danach, mit dieser himmlischen Behausung umkleidet zu werden. So bekleidet werden wir nicht nackt dastehen, wenn wir den irdischen Körper ablegen müssen. Solange wir nämlich in diesem Zelt leben, ächzen wir und sind beschwert, weil wir nicht erst entkleidet, sondern gleich überkleidet werden möchten, damit das Sterbliche*

vom Leben verschlungen wird. Die Voraussetzungen dafür haben wir von Gott, der uns als Anzahlung schon seinen Geist gegeben hat. Deshalb sind wir voller Zuversicht, auch wenn wir wissen, dass wir fern vom Haus des Herrn in der Fremde leben, solange wir in diesem Leib zu Hause sind - wir leben ja im Glauben und noch nicht im Schauen -, aber wir rechnen fest damit und ziehen es vor, fern von diesem Leib ganz beim Herrn zu Hause zu sein. Deshalb setzen wir unsere Ehre darein, ihm zu gefallen, ganz gleich, ob wir noch in der Fremde sind oder schon bei ihm zu Hause« (2. Korinther 5,1-9; NeÜ).

Übrigens kann ich dir zwar noch keine Einladung zu meiner Abschiedparty schicken, denn der Termin steht einfach noch nicht fest, aber dafür steht nun ein anderer Termin bereits in meinen Kalender. In wenigen Monaten feiern wir nun doch, wenn Gott will, unsere Silberhochzeit! Wer hätte das gedacht?

Dazu bist du jedenfalls jetzt schon herzlichst eingeladen!

Aus dem tiefen Tal ins Licht! – Gedanken zu Psalm 23

Psalm 23 gehört sicher zu den bekanntesten Psalmen der Bibel. Tausende von Generationen haben ihn gelesen, gesungen, gebetet. Viele kennen die Worte, die König David durch die Inspiration des Heiligen Geistes gedichtet hat, sogar auswendig. Der Philosoph Immanuel Kant hat einmal gesagt: »Ich habe in meinem Leben nichts gefunden, was mein Herz so still und froh gemacht hätte wie die vier Worte aus dem Psalm 23 ›Ich bin bei dir‹.«

Auch für mich ist Psalm 23 immer etwas Besonderes gewesen; ein scheinbar unscheinbares kleines Lied mitten in der Bibel, das auf einfache Weise die tiefe Geborgenheit ausdrückt, die ich als Mensch bei meinem Herrn und Gott erfahren kann, vor allem in Zeiten der Krankheit und Not.

»Der HERR ist mein Hirte, mir wird nichts mangeln.

Er lagert mich auf grünen Auen, er führt mich zu stillen Wassern.

Er erquickt meine Seele. Er leitet mich in Pfaden der Gerechtigkeit um seines Namens willen.

Auch wenn ich wandere im Tal des Todesschattens, fürchte ich kein Unheil, denn du bist bei mir; dein Stecken und dein Stab, sie trösten mich.

Du bereitest vor mir einen Tisch angesichts meiner Feinde;
du hast mein Haupt mit Öl gesalbt, mein Becher fließt über.

Nur Güte und Gnade werden mir folgen alle Tage meines Lebens;
und ich kehre zurück ins Haus des HERRN lebenslang.«

Psalm 23 gehört wohl zu den bekanntesten Psalmen der Bibel. David, ehemaliger Hirtenjunge und späterer König Israels, schrieb ihn, inspiriert vom Geist Gottes, vor ungefähr 3000 Jahren auf. Das Bild von Schafen und ihren Hirten wird in der Bibel immer wieder benutzt. Häufig ist es auch im Alten Testament eine vorausdeutende Anspielung auf Jesus Christus, den guten Hirten, wie z. B. beim Propheten Jesaja:

> *»Er wird seine Herde weiden wie ein Hirte, die Lämmer wird er in seinen Arm nehmen und in seinem Gewandbausch tragen, die säugenden Muttertiere wird er fürsorglich leiten«* (Jesaja 40,11).

Der HERR ist mein Hirte

Der Psalm beginnt mit einer sehr persönlichen, vertrauensvollen Aussage, mit der sich David »zum Schaf macht«. David wusste als ehemaliger Schafhirte ganz genau, dass Schafe nicht gerade zu den schlauesten Tieren gehören. Doch eines wissen Schafe immer, nämlich wer für sie sorgt. Auch David kannte anscheinend seinen Herrn sehr gut. Wer ist dieser HERR?

David hatte schon viele Erfahrungen mit Gott gemacht; von Kindheit an war Gott ein Teil seines Lebens gewesen. Mit ihm hatte er als Teenager den Riesen Goliath besiegt, auf Gottes Befehl hin war er zum König von Israel gesalbt worden, mit Gottes Hilfe war er immer wieder dem noch amtierenden König Saul entkommen, der ihn ermorden wollte. In allen Lebenslagen, auch wenn David sich in seiner eigenen Sünde verstrickt hatte, hatte er auf Gott zählen können. Er wusste genau: Gott nimmt sich ganz persönlich Zeit für mich, denn er liebt mich.

Nicht nur David kann diese Gewissheit für sich beanspruchen, auch mir geht es so. Auch ich weiß: Mein Gott ist ganz persönlich für mich da, weil er mich liebt. Ist das Vermessenheit? Nein, es ist eine Erfahrungstatsache. Bei Gott gibt es keine Massenabfertigung, jeder Einzelne ist ihm wichtig. Was hat er nicht alles für mich getan! Er hat sich in Jesus Christus sogar selbst für mich »zum Lamm gemacht«:

»Wir alle irrten umher wie Schafe, wir wandten uns jeder auf seinen eigenen Weg; aber der HERR ließ ihn treffen unser aller Schuld. Er wurde misshandelt, aber er beugte sich und tat seinen Mund nicht auf wie das Lamm, das zur Schlachtung geführt wird und wie ein Schaf, das stumm ist vor seinen Scherern; und er tat seinen Mund nicht auf« (Jesaja 53,6-7).

Er hat das aus Liebe und freiwillig getan, damit ich einmal sein »Schaf« werden kann:

»Doch er war durchbohrt um unserer Vergehen willen, zerschlagen um unserer Sünden willen. Die Strafe lag auf ihm zu unserm Frieden, und durch seine Striemen ist uns Heilung geworden« (Jesaja 53,5).

Jesus selbst zeigt sich im Johannesevangelium als der gute Hirte:

»Ich bin der gute Hirte; der gute Hirte lässt sein Leben für die Schafe ... Ich bin der gute Hirte; und ich kenne die Meinen, und die Meinen kennen mich« (Johannes 10,11.14).

Auch wenn es vielleicht nicht besonders schmeichelhaft ist, als Schaf bezeichnet zu werden: Ich bin so froh, ein Schaf dieses guten Hirten sein zu dürfen!

Mir wird nichts mangeln

Das ist die Konsequenz eines Lebens mit dem guten Hirten Jesus Christus: Ich kann immer sicher sein, dass ich alles habe, was ich brauche. Das heißt nun allerdings nicht, dass ich auch alles habe, was ich möchte oder was ich mir wünsche! Der Hirte hat den Überblick, darauf kann ich vertrauen.

Die Beziehung des Schafes zum Hirten ist von Liebe und Vertrauen geprägt. Vielen Menschen fällt es schwer, einen unvorstellbar großen, allmächtigen und heiligen Gott zu lieben oder ihm sogar zu vertrauen. Dazu muss man diesen Gott zunächst einmal kennenlernen und Erfahrungen mit ihm machen.

Als Schaf hat man es da doch viel leichter! Doch den zögernden Menschen sagt Gottes Wort:

> *»Alle eure Sorge werft auf ihn; denn er sorgt für euch«* (1. Petrus 5,7; Schlachter 2000).

David war sich ganz sicher, dass Gott ihn nie im Stich lassen würde – und er hat Recht gehabt. Bei König David ist zwar auch längst nicht immer alles glatt gelaufen, ganz im Gegenteil, aber letztlich hat er immer wieder Gottes liebende und sorgende Hand in seinem Leben sehen können.

Alles das, was ich als Mensch *wirklich* brauche, das werde ich auch von Gott bekommen! Ich muss es allerdings auch annehmen.

Er lagert mich auf grünen Auen

Was dieser gute Hirte alles für mich tut! Er lagert ... er führt ... er erquickt ... er leitet – da hat er wohl mit mir alleine rund um die Uhr zu tun!

Welche herrlichen Bilder David in diesem Psalm benutzt: *grüne Auen* und *stille Wasser* ... wie Fotos aus einem Reiseprospekt, Urlaub auf dem Lande. Da ist die Welt noch in Ordnung! Das klingt so nach: einfach hinlegen und die Seele baumeln lassen.

Aber ganz so ist es nicht; ich muss schon noch selbst »leben« und mich bewegen. Der gute Hirte zeigt mir zwar Ruheplätze, doch zum Wasser muss ich selbst laufen, auch wenn ich rundum versorgt werde.

So ein Schaf hat es doch gut! Es muss sich nicht selbst um alles kümmern, es muss sich sein Futter und Wasser nicht einmal selbst verdienen! Für alles das sorgt der gute Hirte.

Bei mir ist das nicht anders. Zwar kann ich die Versorgung Gottes nicht auf den materiellen Bereich festnageln – da überlässt mir Gott schon selbst die Verantwortung –, doch im geistlichen Bereich ist es genau das gleiche. Das ewige Leben, die Hinwendung Gottes zu mir, sind Geschenke, unverdient und kostenlos. Ich kann sie mir nicht erarbeiten, ich kann kein Anrecht darauf erwerben; ich kann sie nur als Geschenke der Gnade Gottes annehmen. ER hat alles getan, damit ich zu ihm kommen kann.

Du bist bei mir

Bisher war die Idylle perfekt: grüne Auen, frisches Wasser, Sonnenschein ... doch hier wird es plötzlich dunkel. Wie viele Gefahren in einem finsteren Tal lauern können: Steinschlag, Raubtiere, Banditen. Und ich armes Schaf soll da hindurch?

König David kannte solche Situationen aus seiner Zeit als Schafhirte. Er wusste genau: Hier muss der Hirte aktiv werden, das Schaf allein wird mit solchen Schwierigkeiten nicht fertig. Wie wichtig ist es jetzt, dass das Schaf seinem Hirten wirklich völlig vertraut.

Wenn ich das volle Vertrauen habe, dass mein guter Hirte mich vor allen Gefahren beschützt, dann *fürchte ich kein Unheil.* Und an dieser Stelle wird es tatsächlich noch persönlicher. In den ersten Versen des Psalms scheint es so, als erzähle das Schaf einem anderen Schaf von seinem wunderbaren Hirten und was ER alles tut. Nun wendet es sich mit einer ganz persönlichen Anrede an den Hirten: DU bist bei mir.

Auch für mich ist es immer wieder ein Trost zu wissen, dass ich mich persönlich an meinen guten Hirten, meinen Herrn, wenden kann. Im Gebet kann ich ihm alles sagen, was mich bewegt, und er versteht es. Er versteht mich besser als mein Ehemann, meine beste Freundin, mein Seelsorger. Ich muss ihm nichts erklären. Ich muss nur dafür sorgen, immer ganz nah bei ihm zu bleiben – und dabei bin ich doch ein so störrisches Schaf!

Ich will doch nicht wirklich die tiefe Geborgenheit und Verbundenheit aufs Spiel setzen?! Der Herr Jesus wird wohl seine Gründe gehabt haben, seine Jünger (und damit auch mich) ernsthaft zu ermahnen, ihm nicht davon zu laufen.

> *»Ich bin der wahre Weinstock, und mein Vater ist der Weingärtner. (...) Bleibt in mir und ich in euch! Wie die Rebe nicht von sich selbst Frucht bringen kann, sie bleibe denn am Weinstock, so auch ihr nicht,*

ihr bleibt denn in mir. Ich bin der Weinstock, ihr seid die Reben. Wer in mir bleibt und ich in ihm, der bringt viel Frucht, denn getrennt von mir könnt ihr nichts tun. (...) Wenn ihr in mir bleibt und meine Worte in euch bleiben, so werdet ihr bitten, was ihr wollt, und es wird euch geschehen« (Johannes 15,1.4-5.7).

Dein Stecken und dein Stab

Nicht nur die Gegenwart des guten Hirten, auch seine Ausrüstung sind ein Trost und eine Hilfe für mich. Aber was ist das eigentlich?

»Stecken« ist nur ein anderes, altes Wort für Stock oder Knüppel; eine einfache Waffe, um beispielsweise wilde Tiere in die Flucht zu schlagen. Der Knüppel, den der Hirte bei sich trägt, dient der Verteidigung seiner Schafe. Sollte ihnen irgend etwas Gefährliches zu nahe kommen, dann zögert der Hirte nicht, diese Waffe zu benutzen. Der Knüppel sorgt also mit für die Sicherheit der Schafe.

Der Hirtenstab dagegen ist ein ganz spezieller Ausrüstungsgegenstand: ein langer Stock, an einem Ende zu einem Haken gebogen. Mit Hilfe dieses Stabes kann der Hirte ein Schaf aus unmittelbarer Gefahr retten, z. B. wenn es zu nahe an einen gefährlichen steilen Abgrund gerät, wenn es sich mit dem Fell im Gestrüpp verfangen hat, wenn es in die falsche Richtung läuft. König David wusste genau, wovon er schrieb: Er war ja vom Fach. Aber auch mir fällt es nicht schwer, diese Bildersprache auf meinen Alltag zu übertragen.

Wie oft in meinem Leben hat Gott wohl unmittelbare Gefahren von mir abgewendet, ohne dass ich es auch nur bemerkt habe?! Und wie oft musste er mich schon wieder auf den rechten Weg bringen, nachdem ich mich in meinem Leben mal wieder total verfranzt hatte?! Ja, ich muss sagen, sowohl Knüppel als auch Stab sind für mich ein großer Trost!

Du bereitest vor mir einen Tisch

An dieser Stelle des Psalms 23 scheint es einen Kameraschwenk zu geben. Wir sehen nicht mehr einen Hirten mit seinem Schaf über die Weiden ziehen, hier zeigt das Bild plötzlich ein antikes »Gastmahl«. Aus dem Hirten wird der Gastgeber, der den Gast mit allem verwöhnt, was die orientalische Gastfreundschaft zu bieten hat. Ein Gast genießt immer ganz besonderen Schutz; der Gastgeber ist verantwortlich für die Sicherheit seiner Gäste. Selbst wenn Feinde vor der Tür lauern, muss der Gastgeber bereit sein, seinen Gast notfalls mit Waffengewalt zu verteidigen.

Das »Salben mit Öl« war zur Zeit des Alten Testaments in erster Linie bei drei Gelegenheiten üblich: Gesalbt wurden Priester, Könige und Propheten. König David selbst, der Verfasser dieses Psalms, hatte eine solche Salbung erlebt.

> *»Da nahm Samuel das Ölhorn und salbte ihn mitten unter seinen Brüdern. Und der Geist des HERRN geriet über David von diesem Tag an und darüber hinaus«* (1.Samuel 16,13).

Von diesem Zeitpunkt an wusste er genau: Gott hat mich dazu ausgewählt, einmal König zu werden. Auch die Salbung der Priester und Propheten diente einem ähnlichen Zweck. Sie machte öffentlich deutlich, dass der Gesalbte eine ganz besondere Stellung vor Gott hatte, dass Gott in ganz besonderer Weise bei ihm war, nämlich durch seinen Heiligen Geist.

Hier sehe ich die Verbindung zu meinem persönlichen Leben. Auch mich hat Gott bei meiner Wiedergeburt mit dem Heiligen Geist beschenkt, der mir die Gegenwart meines Herrn Jesus Christus immer wieder deutlich macht.

Zurück ins Haus des HERRN

Wieder ändert sich die Perspektive. Aus dem Gast wird ein Kind, ein Erbe, der ins Vaterhaus zurückkehrt.

Ein ganzes Erdenleben lang ist sich das »Schaf« voller Dankbarkeit bewusst gewesen, dass die Güte und die Gnade Gottes jeden einzelnen Tag seines Lebens begleitet haben. Doch das ist ja noch längst nicht alles! Das Beste kommt erst noch! Diese Aussicht ist einfach gigantisch: ewig bei Gott zu sein, in seiner Gegenwart, die Wärme seiner Liebe und das Licht seiner Vollkommenheit genießen zu dürfen.

Es fällt mir nicht schwer, diese Vorfreude Davids zu teilen. Ich gehe aus dem tiefen Tal dem Himmel entgegen! Kann es ein schöneres Lebensziel geben?

Was ist eigentlich ALS?

Die *Amyotrophe Lateralsklerose*, kurz ALS genannt, ist eine unheilbare, tödliche Nervenerkrankung. Im gesunden Körper übertragen bestimmte Nervenbahnen die Bewegungsimpulse auf die Muskeln, die dann ihrerseits die Bewegung ausführen. Bei der Krankheit ALS ist dieser Kontakt zwischen Nerven und Muskeln gestört. Das führt dazu, dass die Muskeln keine Bewegungsimpulse mehr erhalten und sich daraufhin zurückbilden. Durch die fehlenden Nervenimpulse ist auch jegliches Muskeltraining sinnlos.

Stetig und unaufhaltsam gehen die Muskelfunktionen aller willkürlichen Bewegungsmuskeln zurück. Dieser Abbau betrifft alle Muskeln, die man normalerweise willentlich bewegen kann, also z. B. die Muskeln in Händen, Armen, Beinen und Rumpf, sodass im Verlauf der Krankheit Gehen und Stehen und eine normale Funktion der Hände nicht mehr möglich sind.

Aber auch andere, lebenswichtige Funktionen des Körpers werden angegriffen. Das Atmen wird immer schwieriger, denn die Atemmuskulatur baut ebenfalls ab, die Schluck- und Sprechmuskulatur bildet sich zurück.

Nach relativ kurzer Zeit kommt sich ein Patient mit der Diagnose ALS vor, als sei er gefangen im eigenen Körper. Die Gliedmaßen gehorchen ihm nicht mehr, in allen Dingen des täglichen Lebens wird er hilflos wie ein kleines Kind und muss bald rund um die Uhr versorgt werden.

Dabei hat man mit ALS normalerweise keine Schmerzen, und auch fühlen kann man alles nach wie vor. Der Geist bleibt ebenfalls hellwach; wenn allerdings die Zunge gelähmt ist, ist eine normale Gesprächsführung ohne technische Hilfsmittel natürlich nicht mehr möglich.

Der Krankheitsverlauf ist sehr unterschiedlich, die durchschnittliche Lebenserwartung beträgt nach der Diagnosestellung noch ca. drei bis vier Jahre. Bei manchen verläuft die Krankheit rasant, innerhalb eines Jahres – manche Patienten leben zehn oder mehr Jahre damit. Es ist kaum möglich, zu Beginn der Krankheit eine Prognose zu stellen.

Viele Hilfsmittel können die Lebensqualität von ALS-Patienten deutlich verbessern. Dazu gehören natürlich ein Rollstuhl, Hilfen zum Duschen, zum Umsetzen, zum Lagern und vieles mehr. Ein elektronisches Kommunikationsgerät hilft bei der Verständigung, wenn die Sprechmuskulatur gelähmt ist; bei Schlucklähmungen kann man mit einer Magensonde ernährt werden. Ein weiteres wichtiges Hilfsmittel ist ein Atemgerät, das die angegriffene Atemmuskulatur unterstützt.

Hier wird's persönlich – alles an den Nagel hängen?!

Kennen Sie das auch? Dieses Gefühl: Jetzt bin ich es leid! Hat ja alles keinen Zweck mehr. Zwar hat jeder sein Päckchen zu tragen, aber ich ... ich bin völlig überfordert. Ich habe einfach keine Lust mehr. Ich will alles an den Nagel hängen: Frust, Unzufriedenheit, Selbstvorwürfe, Haushalt, Kinder, Gesundheit, Beruf, Ehe ... überall nur Probleme. Hängen wir's doch einfach an den Nagel. Ich sag' es Ihnen aber lieber gleich: Es nützt nichts.

Wenn man wie ich die Diagnose ALS bekommt, kann man geneigt sein, sein restliches Leben an den Nagel zu hängen. Dafür spricht sicher einiges, rein menschlich gesehen. Man wird in relativ kurzer Zeit völlig hilflos, wie ein Kleinkind, braucht für alle Verrichtungen Hilfe. Man erlebt bei klarem Bewusstsein den stetigen Verfall des Körpers, bis man schließlich nicht mehr atmen kann. Inzwischen kann ich selbst nur noch problemlos atmen, wenn ich aufrecht sitze. Für ein entspanntes Zurücklehnen oder im Liegen muss ich ein Atemgerät benutzen, das die Atemmuskulatur unterstützt.

Können Sie sich vorstellen, dass ich unter diesen Umständen manchmal alles an den Nagel hängen will? Wenn so scheinbar gar nichts mehr in Ordnung ist ...

Körperlich geht es mir schlecht. Dazu erlebe ich oft neben Trauer und Schmerz auch manches Mal die Angst: Was wird aus meiner Familie? Und trotzdem kann ich mich nicht erinnern, dass ich mich jemals zuvor so tief geborgen gefühlt habe wie gerade jetzt. Nie zuvor war mir der Trost meines Herrn Jesus Christus so deutlich, noch nie habe ich mein Leben so vorbehaltlos in seine Hände legen können.

Und das alles ist nichts als ein Geschenk der Gnade, ein persönliches Geschenk Gottes, das ich leider kaum an meine Kinder und meine Umgebung weitergeben kann. Warum geht es mir geistlich so gut? Gott spricht immer wieder liebevoll in mein Leben hinein:

»Fürchte dich nicht, denn ich bin mit dir! Habe keine Angst, denn ich bin dein Gott! Ich stärke dich, ja, ich helfe dir, ja, ich halte dich mit der Rechten meiner Gerechtigkeit« (Jesaja 41,10).

Wissen Sie, wie das kommt? Warum ich so relativ gelassen alles auf mich zukommen lassen kann? Warum ich nicht alles an den Nagel hängen will?

Da hat jemand schon einmal mein Leben an den Nagel gehängt! Jesus nämlich hat mein Leben an den Nagel gehängt. Jesus Christus hat sich von brutalen Menschen wie ein Verbrecher an ein paar gekreuzte rohe Holzbalken nageln lassen und ist dort unter unvorstellbaren Qualen gestorben.

Aber wissen Sie auch, warum er das getan hat? In der Bibel finden wir eine klare Antwort auf diese Frage.

»Denn so hat Gott die Welt geliebt, dass er seinen einzigen Sohn gab, damit jeder, der an ihn glaubt, nicht verlorengeht, sondern ewiges Leben hat« (Johannes 3,16).

Jesus ist Gottes einziger Sohn. Jesus ist eine Person des dreieinigen Gottes.

Gott liebt die Menschen, die er geschaffen hat. Er liebt mich. Ich habe seine Liebe schon oft erfahren. Und er liebt auch Sie, ganz gleich, was Sie bisher aus Ihrem Leben gemacht haben.

Dieser liebende Gott hat seinen einzigen Sohn geopfert. Warum? – *» … damit jeder, der an ihn glaubt, nicht verlorengeht …«*

Wie kann man denn »verlorengehen«? »Verlorengehen« ist das Gegenteil von »ewigem Leben«. Und »ewiges Leben« bedeutet: Nach dem unvermeidlichen Tod meines Körpers ist nicht alles vorbei. Nur die »Hülle« stirbt; Seele und Geist, also das, was meine individuelle Persönlichkeit ausmacht, sind unsterblich. Und das ewige Leben ist die ewige Existenz in Gottes unmittelbarer Nähe. Jeder Mensch, der an Jesus Christus glaubt, hat das ewige Leben, sagt Gott in der Bibel.

Und die anderen? Gott sagt, sie gehen verloren. Sterben die

Menschen ohne Jesus Christus also einfach so? Nein, auch jeder Mensch, der nicht an Jesus Christus glaubt, hat eine ewige Existenz – aber fern von Gott. Können Sie ermessen, was das bedeutet? Stellen Sie sich ein Leben vor, in dem es nichts, aber auch gar nichts Gutes mehr gibt: keine Liebe, keine Freundlichkeit, kein Lächeln, keine Schönheit – nichts von all dem. Eine Qual. Für immer und ewig.

Und stellen Sie sich vor: Das alles nimmt ein Mensch freiwillig auf sich. Denn jeder von uns hat einen Willen bekommen. Wer möchte schon eine Marionette sein? Möchten wir nicht alle die kleinen und großen Dinge des Lebens selbst entscheiden?

Gott hat uns diese Freiheit bei der Schöpfung mitgegeben. Warum hat er das wohl getan? Es wäre doch für alle Beteiligten viel einfacher, wenn wir gar nichts Falsches tun könnten! Stellen Sie sich das vor: nie eine falsche Entscheidung; alle Menschen würden stets im Einklang mit Gott und seiner Schöpfung leben, alle Menschen würden Gott immer lieben ...

Aber da geht es ja schon los. Ist denn das Liebe, wenn ich gar nicht anders kann? Ist wirkliche Liebe nicht auch eine freie Willensentscheidung? Und genau das ist der Punkt: Gott liebt seine Geschöpfe, und er möchte, dass wir seine Liebe erwidern; freiwillig, nicht programmiert. Deswegen stattet Gott seine Menschen mit einem Willen aus, damit wir authentisch, echt und individuell leben können, und damit jeder Einzelne sich für Gott entscheiden kann. Leider weiß jeder von uns aus Erfahrung, wohin der eigene Wille so oft führt ... Geht Ihnen das auch manchmal so?

> *»Ich verstehe ja selbst nicht, was ich tue. Denn ich tue nicht das, was ich will, sondern gerade das, was ich hasse. Ich tue nicht das Gute, das ich tun will, sondern das Böse, das ich nicht will«* (Römer 7,15.19; NeÜ).

Solche Gedanken sind mir ja so vertraut ... Und wissen Sie, wer sie hier für uns aufgeschrieben hat? Der Theologe und Missionar Saulus von Tarsus hat diese Sätze vor fast 2000 Jahren notiert. Besser bekannt ist er übrigens als Apostel Paulus. Natürlich beinhaltet der

Wille auch die Möglichkeit zur Rebellion gegen Gott, zur Sünde: *»Das Sinnen des menschlichens Herzens ist böse von seiner Jugend an«* (1. Mose 8,21).

Viele Menschen können mit dem Begriff »Sünde« nichts mehr anfangen. Er ist sehr aus der Mode gekommen, und kaum ein anderes Wort ist so oft missverstanden und falsch interpretiert worden. Im Allgemeinen verstehen die meisten Menschen »Sünde« als eine falsche, aber eigentlich entschuldbare Handlung. Krasseste Beispiele: die »Verkehrssünde«, die »Kaloriensünde« – natürlich besteht hier keinerlei Zusammenhang mit dem Begriff »Sünde«, wie Gott selbst ihn in der Bibel definiert. Da geht es weniger um einzelne falsche Taten als vielmehr um eine grundsätzlich falsche Einstellung.

Waren Sie schon einmal an der Ostsee? Da gibt es einen Meeresarm zwischen dem Festland und der Inseln Fehmarn: den Fehmarnsund. Er ist nicht besonders breit. Aber dieser Sund ist tief und trennt die Insel vom Festland. Den gleichen Wortstamm hat das Wort Sünde, und es drückt auch den gleichen Tatbestand aus. Die Sünde trennt einen Menschen von Gott.

> *»Siehe, die Hand des HERRN ist nicht zu kurz, um zu retten, und sein Ohr nicht zu schwer, um zu hören; sondern eure Vergehen sind es, die eine Scheidung gemacht haben zwischen euch und eurem Gott, und eure Sünden haben sein Angesicht vor euch verhüllt, dass er nicht hört. Denn eure Hände sind mit Blut befleckt und eure Finger mit Sündenschuld. Eure Lippen reden Lüge, eure Zunge murmelt Verkehrtheit«* (Jesaja 59, 2-3).

Ich weiß, das ist hart, vielleicht das Härteste, was ein Mensch in seinem Leben hören kann. Und für viele klingt das erst einmal anmaßend und ungerecht – mir selbst ging es da früher nicht anders.

Von sich aus ist kein einziger Mensch gut genug, um bei Gott sein zu dürfen, um ewiges Leben zu haben. In der Bibel heißt es: *»Alle haben gesündigt und erlangen nicht die Herrlichkeit Gottes«* (Römer 3,23).

Jeder Mensch, der nur ein bisschen ehrlich zu sich selbst ist, muss sich eingestehen, dass er nicht sein ganzes Leben lang fehlerlos gelebt hat. Das ist für einen Menschen völlig unmöglich. Und der größte Fehler, den ich als Mensch in Bezug auf Gott machen kann, ist der, Gott und seinen Anspruch auf mein Leben einfach zu ignorieren.

Meine Schuld, meine Sünde trennt mich also von Gott? Das konnte ich früher gar nicht akzeptieren. Ich war nämlich eigentlich nach landläufigen Maßstäben ganz brav gewesen: weder Mord noch Diebstahl (naja, so ein bisschen Büromaterial aus der Firma, macht ja jeder); wenig Lügen (die eine oder andere »Notlüge« vielleicht), ansonsten eher friedlich und unauffällig – ich fand mich eigentlich ganz o.k. Und Gott fand ich eigentlich auch ganz o.k. Wenn mich damals jemand fragte, dann sagte ich: Doch, ja, ich glaube an Gott. Vielleicht sagte ich sogar: Hm, das mit Gott finde ich gut. Ich habe mich allerdings nie gefragt, wie Gott mich denn so fand ...

Ist das Glaube? Ich habe damals an Gott geglaubt wie an den Kommunismus. Ich war fest davon überzeugt, dass es den gibt, obwohl ich selbst noch nie in einem kommunistischen Land gewesen war; ich glaubte auch, dass der Kommunismus das Leben vieler Menschen bis ins Einzelne beeinflusste – aber mich ganz persönlich berührte das eigentlich nicht sonderlich. Es war ja weit weg.

Mein sogenannter Glaube an Gott war eigentlich genau das Gleiche: Gott war für mich weit weg, er hatte keinen großen Einfluss auf mein Leben. Und genau das war meine Sünde: dieses falsche Selbstbewusstsein, die Arroganz zu glauben, dass ich selbst weiß, was das Beste für mich ist. Die Vermessenheit, selbst entscheiden zu wollen, was richtig und falsch, was gut und böse ist. Diese stille und unauffällige Rebellion gegen die Gottheit Gottes. Das war es, was mich von meinem Gott getrennt hat wie ein tiefer Graben, den ich aus eigener Kraft nicht überwinden konnte.

Nun, wenn dieser tiefe Graben der Sünde mich jetzt von Gott trennt, dann könnte Gott doch sagen: Ist halt so. Spätestens nach dem Tod merkt ja jeder, dass die Sache mit Gott doch stimmt. Also: Schwamm drüber, alle rein in meinen Himmel ...

Nein, das kann Gott nicht sagen, weil er Gott ist. Und Gott ist nicht nur Liebe, er ist auch gerecht und heilig. Er kann nichts Ungerechtes und nichts Unheiliges in seiner Nähe dulden.

Was kann ein Mensch da tun? Absolut nichts. Kein Mensch hat von sich aus die Möglichkeit, zu Gott zu kommen. Alle Versuche, Gott durch gute Werke oder ein religiöses Leben zu beeindrucken, sind ungefähr so sinnvoll wie der Versuch, mit Hilfe einer Strickleiter eine Wolke zu besteigen ...

Ich habe weiter oben den Fehmarnsund erwähnt, diesen tiefen Meeresarm, der die Insel Fehmarn vom Festland trennt. Aber ich habe Ihnen noch eine Information vorenthalten: Es gibt da eine Brücke!

> *»Jesus spricht: Ich bin der Weg und die Wahrheit und das Leben. Niemand kommt zum Vater als nur durch mich«* (Johannes 14,6).

So wie der Sund die Insel vom Festland trennt, so trennt die Sünde den Menschen von Gott. Aber Gott selbst hat aus Gnade eine Brücke gebaut, und er sichert jedem, der diese Brücke benutzt, völlige Straffreiheit zu in dem Gericht, das über jeden Menschen kommen muss. Diese Brücke ist Jesus Christus.

Nur Gott kann die Distanz von sich aus überbrücken – aus Gnade. Deswegen geht der Vers aus dem Brief an die Römer auch weiter:

> *»... und werden umsonst gerechtfertigt durch seine Gnade, durch die Erlösung, die in Christus Jesus ist«* (Römer 3,24).

Es gibt tatsächlich nur einen einzigen Weg zu Gott und zum ewigen Leben, und dieser Weg ist der Glaube an Jesus Christus.

Jesus hat als Unschuldiger die Sünde der ganzen Menschheit getragen; er hat stellvertretend für meine Schuld bezahlt. Und weil ich an ihn glaube, weil er mein Erlöser und mein Herr ist, habe ich schon jetzt das ewige Leben. Ich bin mir sicher, dass ich nach dem Tod meines kranken Körpers gesund bei meinem Gott im Himmel leben darf – und zwar ewig. Deshalb hat Jesus alles an den Nagel gehängt! Für mich – und für jeden anderen, der dieses Geschenk Gottes annehmen will.

Viele haben mich in den letzten vier Jahren gefragt, wie man denn mit einer solchen Krankheit fertig werden kann. Ob diese Diagnose nicht mein ganzes Leben auf den Kopf gestellt hat. Aber eins steht fest – mit oder ohne Krankheit: Mein Leben hat den gleichen Sinn und das gleiche Ziel, auch wenn sich mein Alltag natürlich ganz drastisch geändert hat. Nichts ist mehr wie zuvor.

Aber mein Glaube und meine Überzeugungen haben sich nicht geändert. Seit meiner Bekehrung steht für mich fest: Ich habe Gott mein ganzes Leben anvertraut, und was er tut ist richtig und gut für mich, wenn ich es auch nicht verstehe, wenn es auch schmerzhaft ist. Ein Beispiel kann das vielleicht deutlich machen:

Vor einigen Jahren lernte ich eine Mutter kennen, deren kleiner Junge von Geburt an eine auffällige Fehlstellung der Beine hatte. Die Ärzte sagten ihr, dass es für das Kind nur dann eine Chance gäbe, stehen und gehen zu lernen, wenn man mit äußerster Konsequenz und über Jahre hinweg zweimal täglich zehn Minuten bestimmte Dehnübungen mit dem Kleinen machte. Diese Übungen jedoch sind für das Kind sehr schmerzhaft.

»Es war eine schreckliche Zeit«, erzählte mir die Mutter. »Jeden Tag musste ich meinem geliebten Kind Schmerzen zufügen. Ich konnte es ihm nicht einmal erklären, denn es war ja noch viel zu klein, um das zu verstehen. Ich klammerte mich nur immer wieder an die Gewissheit, dass diese Schmerzen ihm eines Tages ermöglichen würden, auf eigenen Beinen zu stehen und zu gehen.«

Nach wie vor bin ich fest davon überzeugt, dass Gott keine Fehler macht, dass auch meine Krankheit einen Sinn hat, dass er durch diese Krankheit etwas mit mir vorhat. Zwar ist diese Situation alles andere als angenehm, doch was ist schon lange das Ziel meines Lebens? Seit ich mich vor etwas über 15 Jahren zu Jesus Christus bekehrt habe, ist mein fest definiertes Lebensziel die ewige Herrlichkeit bei Gott. Daran hat sich nichts geändert – außer dass ich dem Ziel vielleicht jetzt näher bin. Der Apostel Paulus drückt das in Gottes Auftrag in seinem Brief an die junge Christengemeinde in Rom so aus:

> *»Denn ich bin überzeugt, dass weder Tod noch Leben, weder Engel noch Gewalten, weder Gegenwärtiges noch Zukünftiges, noch Mächte, weder Höhe noch Tiefe, noch irgendein anderes Geschöpf uns wird scheiden können von der Liebe Gottes, die in Christus Jesus ist, unserem Herrn«* (Römer 8,38-39).

Mein Leben mit der Krankheit wird auch von Trauer geprägt, von den vielen kleinen Abschieden. Ständig begleitet mich der Gedanke: Nie wieder... Nie wieder kann ich selbst zupacken und arbeiten, dass die Fetzen fliegen. Nie wieder kann ich auf einer Wiese liegen und die Wolken betrachten. Nie wieder kann ich mit dem Fahrrad fahren. Nie wieder kann ich spazieren gehen. Nie wieder kann ich Federball spielen. Nie wieder habe ich eine Intimsphäre. Nie wieder... falls mein Herr und Gott nicht ein Wunder tut und mich heilt, was er natürlich ohne weiteres kann. Aber falls er es nicht tut, hat er auch seine guten Gründe dafür.

Ich könnte den ganzen Tag trauern. Aber ich bin ja nicht dazu verpflichtet! Ich bin überzeugt, dass weder Tod noch Leben mich von der Liebe Gottes trennen kann. Auch nach dem Tod meines Körpers bin ich bei Gott geborgen, noch viel mehr als je zuvor.

Ich kann ja einfach einmal die Perspektive wechseln und ein anderes »nie wieder« ausprobieren:

- Nie wieder werde ich dann wegen meiner körperlichen Begrenzungen trauern müssen.
- Nie wieder werde ich weinen.
- Nie wieder werde ich irgend etwas vermissen.

Ich freue mich auf den Himmel! Schmerz und Trauer bleiben hier! Und das ist alles andere als Verdrängung, das können Sie mir glauben. Der Himmel ist eine wunderbare Gewissheit für mich, denn Jesus Christus hat durch seinen Tod und seine Auferstehung meinen Platz im Himmel teuer erkauft – aus Liebe. Und das – unter anderem – erwartet mich im Himmel:

»Und er wird jede Träne von ihren Augen abwischen, und der Tod wird nicht mehr sein, noch Trauer, noch Geschrei, noch Schmerz wird mehr sein: Denn das Erste ist vergangen. Und der, welcher auf dem Thron saß, sprach: Siehe, ich mache alles neu. Und er spricht: Schreibe! Denn diese Worte sind gewiss und wahrhaftig« (Offenbarung 21,4-5).

Vielleicht fragen Sie sich: Wie kann ich denn so sicher sein, dass das alles stimmt? Blaise Pascal, französischer Mathematiker und Philosoph des 17. Jahrhunderts (1623-1662), hat sich mit dieser Frage auch beschäftigt. Er hat sich eine Art Wette überlegt:
»In diesem Spiel, das wir Leben nennen, muss jeder Mensch eine Wette eingehen. Bei jeder Wette gilt ein Einsatz. Der Mensch muss sein Leben entweder auf die Behauptung setzen, dass die christliche Lehre wahr ist, oder auf der Behauptung, dass sie nicht wahr ist.

- Wenn ein Mensch diese Wette nicht eingeht, setzt er automatisch auf die Möglichkeit, dass sie nicht wahr ist.
- Angenommen, ein Mensch entscheidet sich für den christlichen Glauben: Liegt er richtig mit seiner Annahme, hat er alles zu gewinnen, liegt er falsch, hat er nichts zu verlieren.
- Nehmen wir an, ein Mensch entscheidet sich gegen den christlichen Glauben: Liegt er damit richtig, hat er nichts gewonnen. Sollte er aber falsch liegen, hat er alles verloren und verbringt seine Ewigkeit in der Hölle.«

Ist ganz logisch, oder? Also probieren Sie es doch einfach mal aus! Es ist ganz einfach – und Sie haben ja nichts zu verlieren, wenn Sie es tun! Entscheiden Sie sich ganz bewusst für ein Leben mit Jesus Christus! Dazu gibt es ein »4-Punkte-Programm«:

Punkt 1: Sünde

Viele wissen, dass in der Bibel steht: *»Du sollst deinen Nächsten lieben wie dich selbst.«* Aber kennen Sie den Zusammenhang? Da steht:

»Du sollst den Herrn, deinen Gott, lieben aus deinem ganzen Herzen und mit deiner ganzen Seele und mit deiner ganzen Kraft und mit deinem ganzen Verstand und deinen Nächsten wie dich selbst« (Lukas 10, 27).

Haben Sie in Ihrem Leben ernsthaft nach Gott gefragt? Oder leben Sie rechtschaffen, lassen Sie sich nichts Besonderes zu Schulden kommen und lassen Sie ansonsten »den lieben Gott einen guten Mann sein«, wie der Volksmund sagt? Nicht nur Mord und Betrug, sondern auch eine solche Haltung bezeichnet Gott in der Bibel als Sünde. Und Sünde kann Gott nicht einfach unter den Tisch fallen lassen.

»Denn der Lohn, den die Sünde zahlt, ist der Tod« (Römer 6,23a).

Und hiermit ist nicht nur der körperliche Tod gemeint, sondern, noch viel schlimmer: die ewige Trennung von Gott. Bekennen Sie Gott, dass Sie vor ihm schuldig geworden sind und dass Sie von Ihrer Schuld alleine nicht loskommen.

Punkt 2: Jesus Christus

»In seinem eigenen Körper hat er unsere Sünden auf das Holzkreuz hinaufgetragen, damit wir - für die Sünden gestorben - nun so leben, wie es vor Gott recht ist« (1. Petrus 2,24; NeÜ).

Kein Mensch kann sich dieses Geschenk Gottes verdienen: weder durch Kirchenzugehörigkeit, noch durch das Einhalten religiöser Vorschriften, noch durch ein gutes oder frommes Leben. Jesus Christus hat die Todesstrafe ertragen, die Gott wegen meiner und Ihrer Sünde über mich und über Sie verhängen musste. Einzig und allein dadurch habe ich eine Verbindung zu Gott. Und nur dadurch können auch Sie zu Gott kommen.

Nehmen Sie dieses Angebot Gottes im Glauben an, dass Jesus Christus für Ihre Sünden am Kreuz gestorben ist. Das bedeutet der Glaube an Jesus Christus.

Punkt 3: Danke!

> »*Mit ganzem Herzen will ich dich preisen, Jahwe, will all deine Wunder verkünden! Ich will jubeln und mich freuen an dir!*« (Psalm 9,2-3a; NeÜ).

Danken Sie Gott, dass ER Ihnen in Jesus Christus das ewige Leben geschenkt hat!

Punkt 4: Neues Leben mit dem Herrn Jesus Christus!

> »*Wenn daher jemand ›in Christus‹ ist, ist er eine neue Schöpfung: Was er früher war, ist vergangen, etwas Neues ist entstanden*« (2. Korinther 5,17; NeÜ).

Ist das nicht ein wunderbarer Gedanke: mit Gott noch einmal ganz von vorne anfangen zu können? Fangen Sie ganz neu an! Leben Sie Ihr Leben von jetzt an mit Jesus Christus! Lesen Sie in der Bibel, um Gottes Willen zu erfahren.

Wenn Sie jetzt immer noch den Wunsch haben, alles an den Nagel zu hängen, dann tun Sie's einfach. Hängen Sie alles an den Nagel – aber nehmen Sie den einzig richtigen Nagel dafür: den Nagel des Kreuzes!

Oft empfinde ich mein Leben mit der Krankheit als eine große Last. Allein auf mich gestellt würde ich wohl manches Mal verzweifeln und keinen Ausweg sehen. Können Sie sich vorstellen, wie froh ich bin, dass Jesus sagt:

> »*Kommt alle zu mir, die ihr euch plagt und unter Lasten stöhnt! Ich werde euch ausruhen lassen*« (Matthäus 11,28; NeÜ).

Jesus Christus hat mir zuerst meine Sündenlast abgenommen, jetzt trägt er die Last meiner Krankheit. Und das alles wird noch überstrahlt von der Gewissheit, dass ich unterwegs bin zu ihm und ihn bald sehen werde.

»Denn ich bin überzeugt: Weder Tod noch Leben ... uns von der Liebe Gottes trennen, die uns verbürgt ist in Jesus Christus, unserem Herrn« (Römer 8,38-39).

Kleines Lexikon der frommen Begriffe

Bekehrung
Unter Bekehrung versteht der biblische Sprachgebrauch die willentliche Hinwendung/Umkehr eines Menschen zu Gott. Eine Voraussetzung für die Bekehrung ist die Erkenntnis, dass Sünde mich von Gott trennt und ich keine Möglichkeit habe, aus eigener Kraft zu Gott zu kommen. Mit der Bekehrung gibt ein Mensch sein ganzes Leben in die Hand Gottes in dem Vertrauen darauf, dass Jesus Christus auch für seine persönliche Sünde bezahlt hat, als er sich am Kreuz freiwillig ermorden ließ.

Praktisch geschieht die Bekehrung durch ein Gebet. Ich sage Gott einfach in meinen eigenen Worten, dass ich erkannt habe: Durch meine Sünde kann ich nicht zu Gott kommen. Ich bitte um Vergebung meiner Sünden und berufe mich dabei auf den freiwilligen stellvertretenden Tod des Herrn Jesus Christus am Kreuz. Ich vertraue darauf, dass Gott mich durch dieses Gebet als sein Kind annimmt, mir seinen Heiligen Geist gibt und mir das ewige Leben in seiner Gegenwart schenkt. Ich danke Gott für die Vergebung der Sünden und das Geschenk des ewigen Lebens.

Siehe auch: **Wiedergeburt**.

Bibel
Die Bibel ist das inspirierte Wort Gottes. Zwar sind die Texte von Menschen mit ihrem jeweils eigenen Stil und Sprachgebrauch aufgeschrieben, die Worte sind jedoch von Gott eingegeben und damit unfehlbar und vollkommen. Alle Teile der Bibel passen wie Teile eines Puzzles zusammen. Die Bibel ist die Glaubensgrundlage der Christen, und die biblischen Aussagen gelten als Maßstab für das persönliche Leben und das Leben der christlichen Gemeinde. Deshalb

liest jeder Christ so oft wie möglich in der Bibel, um die Gedanken Gottes, seine Vorstellungen zu jedem Lebensbereich sowie seinen Trost und seine Liebe immer wieder neu persönlich erfahren zu können.

Eine religiöse Lehraussage, die sich nicht mit der Bibel in Übereinstimmung bringen lässt, ist für einen Christen nicht maßgeblich.

Christ sein

Jeder Mensch, der sich bewusst zu Jesus Christus bekehrt hat (d. h., der wiedergeboren ist), ist dadurch Christ geworden. Das Leben als Christ wird von den Aussagen der Bibel bestimmt, nicht von einer Institution. Die bloße Mitgliedschaft in einer Kirche macht einen Menschen nicht zum Christen. (»Du wirst nicht dadurch zu einem Auto, dass du in einer Garage stehst!«)

Entrückung

In den Lehrbriefen des Neuen Testaments wird ein Ereignis geschildert, das die wiedergeborenen Christen in relativ naher Zukunft erwarten: die sogenannte Entrückung. Das bedeutet, dass zu einem bestimmten, von Gott gewählten Zeitpunkt alle noch lebenden Christen plötzlich von der Erde weggenommen (»entrückt«) werden, um von diesem Zeitpunkt an, zusammen mit den zuvor schon verstorbenen Christen, für immer bei Jesus Christus zu sein (1. Thessalonicher 4,13-18).

Erlösung

Die Bibel macht deutlich, dass nicht jeder Mensch automatisch nach seinem Tod zu Gott kommen kann - die Sünde trennt unweigerlich von Gott. Gott ist ein gerechter Gott, er kann Sünde nicht unbeachtet lassen; Gott ist ein heiliger Gott, und er kann Sünde in seiner Gegenwart nicht dulden. Gott ist aber auch ein liebender und gnädiger Gott, und er möchte allen Menschen ein ewiges Leben in seiner Gegenwart ermöglichen. Dazu muss er sie vom Fluch der Sünde erlösen.

Die Sünde verdient den Tod, und Jesus Christus, der vollkommen sündlose Sohn Gottes, hat als Stellvertreter für jeden Menschen freiwillig die Todesstrafe erlitten. Damit ist das »Lösegeld« für die Erlösung bezahlt. Jeder Mensch, der diese Tatsache als Geschenk der Gnade im Glauben annimmt, ist »erlöst« und hat das ewige Leben.

Ewiges Leben

Jeder Mensch hat eine ewige Existenz; das heißt, mit dem Tod endet nicht das persönliche und individuelle Leben, nur der menschliche Körper zerfällt und verwest. Die Persönlichkeit des Menschen jedoch bleibt vollkommen erhalten und geht in einen anderen Zustand über. Ein wiedergeborener Christ hat die göttliche Garantie, nach seinem körperlichen Tod einen neuen sogenannten Auferstehungskörper zu bekommen und ein ewiges Leben in Vollkommenheit und in der Gegenwart Gottes zu verbringen.

Hat ein Mensch sich während seines Lebens nicht bewusst für ein Leben mit Gott entschieden, so ist die Konsequenz daraus eine ewige Existenz in der Qual der Gottesferne .

Gebet

Jedes Gebet ist ein Gespräch mit Gott. Dazu sind keine Formeln oder äußerlichen Zeichen notwendig, sondern nur die Bereitschaft des Menschen zur Kommunikation mit dem unsichtbaren Gott. Im Gebet kann man Gott um Vergebung bitten, seine Hilfe und seinen Schutz für die persönliche Lebenssituation erbitten. Auch das Gebet für andere Menschen hat einen hohen Stellenwert. Wesentliche Punkte eines Gebets sind immer der Dank an Gott für die vielfältig erwiesene Hilfe sowie die Anbetung, die Gott in seiner Allmacht und Majestät bewundert.

Gott hört alle Gebete, die aufrichtig an ihn gerichtet werden; oft kann man eine Antwort Gottes sehen. Auch Gebete, die scheinbar nicht erhört werden, gehen bei Gott nicht verloren; manchmal jedoch muss er unsere Bitten auch ablehnen.

Gemeinde

Unter Gemeinde versteht man den Zusammenschluss wiedergeborener Christen zu einer nach außen offenen Gruppe. Nach der Definition des Neuen Testaments (vgl. Apostelgeschichte 2,41-42) hat die Gemeinde verschiedene Aufgaben. Die Christen kommen regelmäßig zusammen, um gemeinsam den Willen Gottes anhand der Bibel zu erforschen (häufig durch eine Predigt), um sich gegenseitig zu helfen, um das Abendmahl miteinander zu feiern und gemeinsam zu beten. Eine weitere Aufgabe der Gemeinde besteht darin, den erlösenden Glauben an Jesus Christus weiterzugeben (siehe Matthäus 28,19-20).

Glaubensgeschwister

Ein wiedergeborener Mensch darf Gott als seinen Vater anreden. Da alle Wiedergeborenen denselben Vater haben, bezeichnen sie sich gegenseitig häufig als Geschwister (Schwester bzw. Bruder). Die Gemeinde hat dadurch oft einen familiären Charakter.

Gnade

Gnade ist ein unverdientes Geschenk. Man kann sie nicht erwerben, man hat keinen Anspruch darauf, man kann durch keinerlei eigene Leistung oder Charaktereigenschaften in den Genuss der Gnade kommen.

Auch die Erlösung eines Sünders durch Jesus Christus ist reine Gnade, der ein Mensch nichts hinzufügen kann.

Himmel

Der Himmel ist der »Wohnort Gottes« und der Aufenthaltsort aller wiedergeborenen Christen nach ihrem Tod. Die Bibel beschreibt, dass Gott am Ende der Zeiten die jetzige Materie (»Himmel und Erde«) zerstören und einen neuen Himmel und eine neue Erde erschaffen wird, die dann als wunderbarer ewiger Wohn- und Aufenthaltsort Gottes und der erlösten Menschen dienen wird.

Hölle

Die Realität der Hölle wird in der Bibel nicht verschwiegen. Als Hölle wird der Aufenthaltsort aller verstorbenen Menschen bezeichnet, die nicht bewusst während ihres Lebens den Herrn Jesus Christus als ihren Heiland und Erlöser in ihr Leben aufgenommen haben. Die Hölle ist ein Ort schrecklicher Qualen, fern von der Gegenwart Gottes. Die biblische Lehre kennt kein Fegefeuer.

Kind Gottes

In der Bibel wird ein Mensch als Kind Gottes bezeichnet, wenn er sich bekehrt und damit sein Leben ganz in Gottes Hand gelegt hat. Alle anderen Menschen werden nicht Kinder Gottes genannt; sie sind dennoch Gottes geliebte Geschöpfe.

Jesus Christus

Der historische Jesus von Nazareth ist sowohl wahrer Mensch als auch wahrer Gott. Er wurde von einem jungen Mädchen geboren, das ohne Geschlechtsverkehr mit einem Mann durch den Heiligen Geist schwanger geworden war. Er wuchs mit zahlreichen (Halb-) Geschwistern in einer Handwerkerfamilie auf (Matthäus 12,46-47; Markus 6,3). Im Alter von ca. 30 Jahren begann er seine öffentliche Tätigkeit und reiste als Wanderprediger durch Israel. Jesus machte keinen Hehl daraus, der Sohn Gottes zu sein und legitimierte seinen Anspruch durch zahlreiche Wunder. Dadurch brachte er vor allem die religiöse Oberschicht gegen sich auf, die ihn ermorden wollte. Nachdem er drei Jahre lang gepredigt hatte, ließ er sich an ein Kreuz nageln und starb dort qualvoll. Dieser Tod war keineswegs ein Versagen oder ein Justizirrtum; er war vielmehr Teil des göttlichen Planes zur Erlösung der Menschheit und weist Jesus als den Messias (hebräisch: Gesalbter) beziehungsweise den Christus (griechisch: Gesalbter) aus: als den Sohn Gottes, der unschuldig als Stellvertreter für alle sündigen Menschen starb.

Sünde

Sünde ist »Zielverfehlung«. Jeder Mensch ist auf Gott hin angelegt. Die Sünde ist der Eigenwille des Menschen; zum Beispiel die Vorstellung, sein Leben selbst, unabhängig von Gott, in die Hand nehmen zu können. Sünde ist »Majestätsbeleidigung«. Wenn ein Mensch die Souveränität Gottes als allmächtiger Schöpfer und liebender Vater nicht anerkennt und die Vorgaben Gottes für sein Leben nicht beachtet, dann bezeichnet die Bibel dieser Haltung als Sünde. Auch einzelne falsche Taten und Verhaltensweisen sind Sünden. Jeder Mensch begeht im Laufe seines Lebens Tausende von Sünden; falsche Entscheidungen und falsche Wege gehören ebenso dazu wie kleine Unwahrheiten oder der »ganz normale« Egoismus.

Von sich aus kann der Mensch sich nicht von Sünden befreien; er braucht Vergebung, Erlösung von der Sünde. Aus diesem Grund ist Jesus Christus am Kreuz gestorben: Er hat die gerechte Strafe für alle Sünden, den Tod, auf sich genommen.

Vergebung

Vergebung geschieht nur durch Gnade. Da Gott heilig und gerecht ist, zieht jede Sünde eine Strafe nach sich. Damit die Menschen dennoch zu ihm kommen können, hat Gottes Gnade die Vergebung ermöglicht: Durch den stellvertretenden Tod des Herrn Jesus Christus ist die Sünde gesühnt, und Gott kann jedem Menschen vergeben, der sich auf Jesus beruft.

Wiedergeburt

Die biblische Wiedergeburt (nicht zu verwechseln mit Reinkarnation!) bezeichnet den gleichen Vorgang wie die Bekehrung, nur sozusagen von der göttlichen Seite aus. Wie die zwei Seiten einer Münze gehören Bekehrung und Wiedergeburt zusammen. Die Bekehrung ist das, was der Mensch tun kann: Er kann sich Gott zuwenden und alles von ihm erwarten. Die Wiedergeburt ist das, was Gott einem solchen Menschen schenkt: Er bekommt bei seiner demütigen Bitte um Vergebung das Geschenk des ewigen Lebens und den Heiligen Geist. »Wiedergeboren« ist ein Mensch deshalb, weil zu diesem Zeitpunkt ein ganz neues Leben beginnt: ein Leben mit Gott.

Buchempfehlung

Hartmut Jaeger
Ja, aber ...
Fragen, Einwände und
Antworten zum Leben
Tb., 128 Seiten
Best.-Nr. 273.546
€ (D) 2,50
€ (A) 2,60
SFR 4,80
ISBN 978-3-89436-546-2

Hat das Leben überhaupt einen Sinn? Kann man wissen, dass es Gott gibt? Wie kann Gott all das Leid zulassen? Was soll ich mit Jesus Christus anfangen? Wie werde und bleibe ich glücklich und zufrieden? Wie soll es in der Zukunft weitergehen?

Auf diese und andere Fragen gibt der Autor klare und praktische Antworten. Wer auf der Suche nach sinnerfülltem Leben ist oder gute und einleuchtende Argumente für den Glauben sucht, der bekommt hier eine Hilfe an die Hand, die ihn darin bestärkt, sich zu Gott hinzuwenden und an ihm festzuhalten.

Christliche Verlagsgesellschaft mbH
Kompetent. Profiliert. Engagiert.

Buchempfehlung

Astrid Jaehn (Hrsg.)
Sprung ohne Fallschirm
Bewegende Berichte von Begegnungen mit Gott
Tb., 64 Seiten
Best.-Nr. 273.589
€ (D) 1,90
€ (A) 2,00
SFR 3,80
ISBN 978-3-89436-589-9

Die Welt, in der wir leben, ist eine Welt, die Angst macht – so haben es die Frauen und Männer erlebt, die in diesem Buch über ihr Leben berichten. Niemand von ihnen hatte es in der Hand, sein Leben aus eigener Kraft zu verändern. Und doch verwandelte sich ihre Verzweiflung in Freude, veränderten sich abhängige und tief verletzte Seelen in freie Menschen. Was ist das Geheimnis ihrer Veränderung? Sie sind Gott begegnet – und diese Begegnung hat ihr Leben verändert.

Buchempfehlung

Neü Bibel.heute
Neues Testament
mit Psalmen
Geb., 692 Seiten
Best.-Nr. 273.607
€ (D) 7,90
€ (A) 8,10
SFR 14,60
ISBN 978-3-89436-607-0

Die *NeÜ Bibel.heute* mit Psalmen versucht, Sinn und Struktur des neutestamentlichen Textes zu erfassen und für den Leser wiederzugeben. Sie legt wesentlich größeren Wert auf sprachliche Klarheit als auf wörtliche Wiedergabe.

Die *NeÜ Bibel.heute* ist als Einführung in die Bibel gedacht, die ein großflächiges Lesen ermöglicht. Sie soll einen Eindruck von der lebendigen Kraft, aber auch von der Schönheit des Wortes Gottes vermitteln.

Christliche Verlagsgesellschaft mbH
Kompetent. Profiliert. Engagiert.